# 会计电算化实务操作

郭忠仁　周雨冬　孙晓敏　主编

王　琳　马璐璐　李秉阳　副主编

刘　晓　主审

北京工业大学出版社

图书在版编目（CIP）数据

会计电算化实务操作 / 郭忠仁，周雨冬，孙晓敏主编 . — 北京：北京工业大学出版社，2018.12（2021.5 重印）
ISBN 978-7-5639-6002-6

Ⅰ．①会… Ⅱ．①郭… ②周… ③孙… Ⅲ．①会计电算化－财务软件－习题集 Ⅳ．① F232-44

中国版本图书馆 CIP 数据核字（2019）第 020023 号

## 会计电算化实务操作

**主　　编：**郭忠仁　周雨冬　孙晓敏
**责任编辑：**申路好
**封面设计：**点墨轩阁
**出版发行：**北京工业大学出版社
　　　　　　（北京市朝阳区平乐园 100 号　邮编：100124）
　　　　　　010-67391722（传真）　bgdcbs@sina.com
**经销单位：**全国各地新华书店
**承印单位：**三河市明华印务有限公司
**开　　本：**787 毫米 ×1092 毫米　1/16
**印　　张：**20
**字　　数：**400 千字
**版　　次：**2018 年 12 月第 1 版
**印　　次：**2021 年 5 月第 2 次印刷
**标准书号：**ISBN 978-7-5639-6002-6
**定　　价：**88.00 元

# 前　言

随着信息技术的快速发展和管理要求的不断提高，会计手工操作正逐步被会计电算化所取代，要满足社会经济发展对会计人才的需求，必须培养和造就大批既掌握计算机基本应用技术又懂得会计业务处理的复合应用型会计人才，这就促使会计电算化课程成为会计专业知识结构和技能结构体系中的专业必修课程。为了全面推进素质教育，深化中等职业教育教学改革，培养"综合职业能力强，懂知识、会操作的会计初、中级专门人才"，编者结合最新的教学改革研究成果，编写了本教材。

本教材为编者与多名教学一线的教学名师、教学骨干、行业企业专业技术人员多年心血之作，在编写中力图突出以下主要特点。

①执行新标准、新规范。以《中等职业学校专业教学标准（试行）》为依据，服务经济社会发展，内容体现产教融合，对接职业标准和企业用人要求，强化学生会计电算化基础能力、核心专业技术应用能力，使学生不仅能够掌握会计电算化软件的基本操作技能，还能明确会计工作岗位之间的业务衔接与内部控制要求，从而完成从单项技能向综合技能的过渡。以《中华人民共和国会计法》、税法为依托，反映新知识、新技术、新方法。

②适应职业教育课程模块化和综合化改革的需要。以任务驱动的教学方式，从会计职业岗位的技能需求分析入手，使用企业财务软件从建立账套开始，到总账及各模块初始化、经济业务的日常处理、月末处理，到最后编制报表，围绕企业工作所需要的基本电算化技能设计学习任务，使学生轻松地在完成任务的过程中学习用友财务软件的操作方法。以学生为主体，体现做中学、做中教，理论实践一体化，提高学生动手操作能力。

③力求体现职业教育特点，符合中职学生认知水平。教材从满足技能要求的各个项目入手，将理论与实务操作及课堂实训练习融为一体；在内容上注重少理论、多操作，将复杂的理论简化为大量操作过程图片，将会计电算化技能操作加以分解，贴近工作过程，增加直观性，有效降低学习难度，提高学生的学习兴趣与学习质量。

1

④适应多层次需要。本教材面向职业院校会计专业、会计电算化专业、税务专业及相关经济管理专业的会计电算化课程，既可满足培养技能型人才教学的需要，又可针对中职对口升学考试时所用的会计软件系统（用友 T3 软件），结合考试出题模式和平时练习模式，要求学生在规定时间内完成考试模式 30 题型（注：由教师提供相关的套账文件）、综合题型等多套综合性模拟测试题，达到快速提高考试成绩的预期效果。本教材图文并茂、通俗易懂，同时可供会计电算化上岗培训、社会培训和自学人员使用。

本教材由郭忠仁、周雨冬、孙晓敏担任主编，王琳、马璐璐、李秉阳担任副主编，参加教材编写的人员有王秀娟、王欢、黄显明、胡铭、王安、王言、吴娇、孔凡艳、孙洪升、周颖、李维、王亚军，全书由周雨冬总纂并定稿，刘晓主审。

由于时间仓促及编者水平有限，书中难免存在缺点和不妥之处，恳请读者批评指正。

# 目　录

上篇　会计电算化基础知识

# 第一章　会计电算化概述

## 第一节　会计电算化的概念及其特征

我国计算机在会计工作中的应用，经过数十年的努力，已从解决会计核算的问题为主体的会计电算化向为企业经营管理、控制决策和经济运行提供充足、实时、全方位信息的会计信息化迈进，并取得了质的飞跃。

### 一、会计电算化的相关概念

（一）会计电算化

会计电算化有狭义和广义之分。

狭义的会计电算化是指以电子计算机为主体的电子信息技术在会计工作中的应用。

广义的会计电算化是指与实现电算化有关的所有工作，包括会计电算化软件的开发、应用及其软件市场的培育、会计电算化人才的培训、会计电算化的宏观规划和管理、会计电算化制度建设等。

（二）会计信息化

会计信息化是指企业利用计算机、网络通信等现代化信息技术手段开展会计核算，以及利用上述技术手段将会计核算与其他经营管理活动有机结合的过程。

（三）会计软件

会计软件是指专门用于会计核算、财务管理的计算机软件、软件系统或者其功能模块，包括一组指挥计算机进行会计核算与管理工作的程序、存储的数据以及有关资料。

（四）会计信息系统

会计信息系统是指利用信息技术对会计数据进行采集、存储和处理，完成会计核算任务，并提供会计管理、分析与决策相关会计信息的系统，其实质是将会计数据转化为会计信息的系统，是企业管理信息系统的一个重要子系统。

会计信息系统根据信息技术的影响程度可划分为手工会计信息系统、传统自动化会计信息系统和现代化会计信息系统；根据其功能和管理层次的高低，可以分为会计核算系统、会计管理系统和会计决策支持系统。

（五）ERP 系统

ERP 系统为"企业资源计划"的简称，是指利用信息技术，一方面将企业内部所有资源整合在一起，对开发设计、采购、生产、成本、库存、分期、运输、财务、人力资源、品质管理进行科学规划；另一方面将企业与其外部的供应商、客户等市场要素有机结合，实现对企业的物资资源（物流）、人力资源（人流）、财务资源（财流）和信息资源（信息流）的管理，其核心思想是供应链管理，强调对整个供应链的有效管理，提高企业配置和使用资源的效率。

## 二、会计电算化的特征

（一）人机结合

在会计电算化方式下，会计人员填制电子会计凭证并审核后执行"记账"功能，计算机将根据程序和指令在极短时间内自动完成会计数据的分类、汇总、计算、传递及报告等工作。

（二）会计核算自动化、集中化

在会计电算化方式下，试算平衡、登记账簿等以往依靠人工完成的工作，都由计算机自动完成，大大减轻了会计人员的工作负担，提高了工作效率。计算机网络在会计电算化中的广泛应用，使得企业能将分散的数据统一汇总到会计软件中进行集中处理，既提高了数据汇总的速度，又增强了企业集中管控能力。

（三）数据处理及时准确

利用计算机处理会计数据，可以在较短的时间内完成会计数据的分类、汇总、计算、传递和报告等工作，使会计处理流程更为简便，核算结果更为精确。此外，在会计电算化方式下，会计软件运用适当的处理程序和逻辑控制，能够避免手工会计处理方式下出现的一些错误。

（四）内部控制多样化

在会计电算化方式下，与会计工作相关的内部控制制度也将发生明显的变化，内部控制由过去的纯粹人工控制发展成为人工与计算机相结合的控制形式，一部分控制措施融入会计信息系统，使人工控制和软件控制并举。内部控制的内容更加丰富，范围更加广泛，要求更加严格，实施更加有效。

## 第二节 会计电算化软件的配备方式及其功能模块

### 一、会计软件的配备方式

企业配备会计软件主要有购买、定制开发、购买与开发相结合等方式。

其中，定制开发包括企业自行开发、委托外部单位开发、企业与外部单位联合开发三种具体开发方式。

（一）购买通用会计软件

通用会计软件是指软件公司为会计工作专门设计，并以产品形式投入市场的应用软件。企业作为用户，付款购买即可获得软件的使用、维护、升级以及人员培训等服务。这种方式适用于大多数没有或只有较少特殊业务的企事业单位。

（二）自行开发

自行开发是指企业自行组织人员进行会计软件开发。

（三）委托外部单位开发

委托外部单位开发是指企业通过委托外部单位进行会计软件开发。

（四）企业与外部单位联合开发

企业与外部单位联合开发是指企业联合外部单位进行软件开发，由本单位财务部门和网络信息部门进行系统分析，外部单位人员负责系统设计和程序开发工作。开发完成后，对系统的重大修改由本单位网络信息部门负责，日常维护由本单位财务部门负责。

### 二、会计软件的功能模块

（一）会计软件各模块的功能描述

完整的会计软件的功能模块包括：账务处理模块、固定资产管理模块、工资管理模块、应收、应付管理模块、成本管理模块、报表管理模块、存贷核算模块、财务分析模块、预算管理模块、项目管理模块、其他管理模块。

1. 账务处理模块

账务处理模块是以凭证为数据处理起点，通过凭证输入和处理，完成记账、银行对账、结账、账簿查询及打印输出等工作。目前，许多商品化账务处理模块还包括往来款管理、部门核算、项目核算和管理及现金银行管理等一些辅助核算的功能。

2. 固定资产管理模块

固定资产管理模块主要是以固定资产卡片和固定资产明细账为基础，实现固定资产的会计核算、折旧计提和分配、设备管理等功能，同时提供了固定资产按类别、使用情况、所属部门和价值结构等进行分析、统计和各种条件下的查询、打印功能，以及该模块与其他模块的数据接口管理。

3. 工资管理模块

工资管理模块是进行工资核算和管理的模块，该模块以人力资源管理提供的员工及其工资的基本数据为依据，完成员工工资数据的收集、员工工资的核算、工资发放、工资费用的汇总和分摊、个人所得税计算和按照部门、项目、个人时间等条件进行工资分析、查询和打印输出，以及该模块与其他模块的数据接口管理。

4. 应收、应付管理模块

应收、应付管理模块以发票、费用单据、其他应收单据、应付单据等原始单据为依据，记录销售、采购业务所形成的往来款项，处理应收、应付款项的收回、支付和转账，进行账龄分析和坏账估计及冲销，并对往来业务中的票据、合同进行管理，同时提供统计分析、打印和输出功能，以及与采购管理、销售管理、账务处理等模块进行数据传递的功能。

5. 成本管理模块

成本管理模块主要提供成本核算、成本分析、成本预测功能，以满足会计核算的事前预测、事后核算分析的需要。此外，成本管理模块还具有与生产模块、供应链模块，以及账务处理、工资管理、固定资产管理和存货核算等模块进行数据传递的功能。

6. 报表管理模块

报表管理模块与其他模块相连，可以根据会计核算的数据，生成各种内部报表、外部报表、汇总报表，并根据报表数据分析报表，以及生成各种分析图等。在网络环境下，很多报表管理模块提供了远程报表的汇总、数据传输、检索查询和分析处理等功能。

7. 存货核算模块

存货核算模块是以供应链模块产生的入库单、出库单、采购发票等核算单据为依据，核算存货的出入库和库存金额、余额，确认采购成本，分配采购费用，确认销售收入、成本和费用，并将核算完成的数据，按照需要分别传递到成本管理模块、应付管理模块和账务处理模块。

8. 财务分析模块

财务分析模块从会计软件的数据库中提取数据，运用各种专门的分析方法，完成对企业财务活动的分析，实现对财务数据的进一步加工，生成分析和评价企业财务状况、经营成果和现金流量的各种信息，为决策提供正确依据。

9. 预算管理模块

预算管理模块将需要进行预算管理的集团公司、子公司、分支机构、部门、产品、费用要素等对象，根据实际需要分别定义为利润中心、成本中心、投资中心等不同类型的责任中心，然后确立各责任中心的预算方案，指定预算审批流程，明确预算编制内容，进行责任预算的编制、审核、审批，以便实现对各个责任中心的控制、分析和绩效考核。

利用预算管理模块，既可以编制全面预算，又可以编制非全面预算；既可以编制滚动预算，又可以编制固定预算、零基预算；同一责任中心，既可以设置多种预算方案，编制不同预算，又可以在同一预算方案下选择编制不同预算期的预算。预算管理模块还可以实现对各子公司预算的汇总、对集团公司及子公司预算的查询，以及根据实际数据和预算数据自动进行差异分析和预算执行进度分析等。

10. 项目管理模块

项目管理模块主要是对企业的项目进行核算、管制与管理。项目管理主要包括项目立项、计划、跟踪与控制、终止的业务处理以及项目自身的成本核算等功能。该模块可以及时、准确地提供有关项目的各种资源，包括项目文档、项目合同、项目的执行情况，通过对项目中的各项任务进行资源的预算分配，实时掌握项目的进度，及时反映项目执行情况及财务状况，并且与账务处理、应收管理、应付管理、固定资产管理、采购管理、库存管理等模块集成，对项目收支进行综合管理，实现对项目的物流、信息流、资金流的综合控制。

11. 其他管理模块

根据企业管理的实际需要，其他管理模块一般包括领导查询模块、决策支持模块等。领导查询模块可以按照领导的要求从各模块中提取有用的信息并加以处理，以最直观的表格和图形显示，使得管理人员通过该模块及时掌握企业信息；决策支持模块利用现代计算机、通信技术和决策分析方法，通过建立数据库和决策模型，向企业决策者提供及时、可靠的财务和业务决策辅助信息。

（二）会计软件的数据传递

会计软件是由各功能模块共同组成的有机整体，各模块既相互联系又相互独立，有着各自的目标和任务，它们共同构成了会计软件，实现了会计软件的总体目标。为实现相应功能，相关模块之间相互依赖、互通数据。

# 第三节　会计软件和企业会计信息化的规范

## 一、会计软件和服务的规范

①会计软件应当保障企业按照国家统一的会计准则制度开展会计核算，不得出现违背国家统一会计准则制度的功能设计。

②会计软件的界面应当使用中文并且提供对中文处理的支持，可以同时提供外国或者少数民族文字界面对照和处理支持。

③会计软件提供符合国家统一会计准则制度的会计科目分类和编码功能。

④会计软件应当提供国家统一会计准则制度的会计凭证、账簿和报表的显示和打印功能。

⑤会计软件应当提供不可逆的记账功能，确保同类已记账凭证的编号，不得提供对已记账凭证的删除和插入功能，不得提供对已记账凭证日期、金额、科目和操作人员的修改功能。

⑥鼓励软件供应商在会计软件中集成可扩展商业报告语言功能，便于企业生成符合国家统一标准的财务报告。

⑦会计软件应当具有符合国家统一标准的数据接口，满足外部会计监督的需要。

⑧会计软件应当具有会计资料归档功能，提供导出会计档案的接口，在会计档案存储格式、元数据采集、真实性与完整性保障方面，符合国家有关电子文件归档与电子档案管理的要求。

⑨会计软件应当记录生成用户操作日志，确保日志的安全、完整。

⑩以远程访问、云计算等方式提供会计软件的供应商，应当在技术上保证客户会计资料的安全、完整。

⑪客户以远程访问、云计算等方式使用会计软件生成的电子会计资料归客户所有。

⑫以远程访问、云计算等方式提供会计软件的供应商，应当做好本厂商不能维持服务的情况下，保障企业电子会计资料安全以及企业会计工作

持续进行的预案。

⑬ 软件供应商应当努力提高会计软件相关服务质量，按照合同约定及时解决用户使用中的故障问题。

⑭ 鼓励软件供应商采用呼叫中心、在线客服等方式为用户提供实时技术支持。

⑮ 软件供应商应当就如何通过会计软件开展会计监督工作，提供专门教程和相关资料。

## 二、企业会计信息化的规范

（一）会计信息化建设

①企业应当充分重视会计信息化工作，加强组织领导和人才培养，不断推进会计信息化在本企业的应用。

②企业开展会计信息化工作，应当根据发展目标和实际需要，合理确定建设内容，避免投资浪费。

③企业开展会计信息化工作，应当注重信息系统与经营环境的契合。

④大型企业、企业集团开展会计信息化工作，应当注重整体规划、统一技术标准、编码规则和系统参数，实现各系统的有机整合，消除信息孤岛。

⑤企业配备会计软件，应当根据自身技术力量以及业务需求，考虑软件功能、安全性、稳定性、响应速度、可扩展性等要求，合理选择购买、定制开发、购买与开发相结合等会计软件配备方式。

⑥企业通过委托外部单位开发、购买方式配备会计软件，应当在有关合同中约定操作培训、软件升级、故障解决等服务事项，以及软件供应商对企业信息安全的责任。

⑦企业应当促进会计信息系统与业务信息系统的一体化，通过业务的处理直接驱动会计记账，减少人工操作，提高业务数据与会计数据的一致性，实现企业内部信息资源共享。

⑧企业应当根据实际情况，开展本企业信息系统与银行、供应商、客户等外部单位信息系统的互联，实现外部交易信息的集中自动处理。

⑨企业进行会计信息系统前端系统的建设和改造，应当安排负责会计信息化工作的专门机构或者人员参与，充分考虑会计信息系统的数据需求。

⑩企业应当遵循企业控制规范体系要求，加强对会计信息系统规范、设计、开发、运行、维护全过程的控制。

⑪ 处于会计核算信息化阶段的企业，应当结合自身情况，逐步实现资金

管理、资产管理、预算控制、成本管理等财务管理信息化；处于财务管理信息化阶段的企业，应当结合自身情况，逐步实现财务分析、全面预算管理、风险控制、绩效考核等决策支持信息化。

（二）信息化条件下的会计资料管理

①对于信息系统自动生成且具有明细审核规则的会计凭证，可以将审核规则嵌入会计软件，由计算机自动审核。未经自动审核的会计凭证，应当先经人工审核再进行后续处理。

②分公司、子公司数量多、分布广的大型企业、企业集团应当探索利用信息技术促进会计工作的集中，逐步建立财务共享服务中心。

③外商投资企业使用的境外投资者指定的会计软件或者跨国企业集团统一部署的会计软件，应当符合会计软件和服务的规范的要求。

④企业会计信息系统数据服务器的部署应当符合国家有关规定。

⑤企业会计资料中对经济业务事项的描述应当使用中文，可以同时使用外国或者少数民族文字对照。

⑥企业应当建立电子会计资料备份管理制度，确保会计资料的安全、完整和会计信息系统的持续、稳定运行。

⑦企业不得在非涉密信息系统中存储、处理和传输涉及国家秘密、关系国家经济信息安全的电子会计资料；未经有关主管部门批准，不得将其携带、寄运或者传输至境外。

⑧企业内部生成的会计凭证、账簿和辅助性会计资料，如果同时满足下列条件的，可以不输出纸面资料。

第一，所记载的事项属于本企业重复发生的日常业务；

第二，由企业信息系统自动生成；

第三，可及时在企业信息系统中以人类可读形式查询和输出；

第四，企业信息系统具有防止相关数据被篡改的有效机制；

第五，企业对相关数据建立了电子备份制度，能有效防范自然灾害、意外事故和人为破坏的影响；

第六，企业对电子和纸面会计资料建立了完善的索引体系。

⑨企业获得的需要外部单位或者个人证明的原始凭证和其他会计资料，如果同时满足下列条件的，可以不输出纸面资料。

第一，会计资料附有外部单位或者个人的，符合《中华人民共和国电子签名法》的可靠的电子签名；

第二，电子签名经符合《中华人民共和国电子签名法》的第三方认证；

第三，所记载的事项属于本企业重复发生的日常业务；

第四，可及时在企业信息系统中以人类可读形式查询和输出；

第五，企业对相关数据建立了电子备份制度，能有效防范自然灾害、意外事故和人为破坏的影响；

第六，企业对电子和纸面会计资料建立了完善的索引体系。

⑩ 企业会计资料的归档管理，遵循国家有关会计档案管理的规定。

⑪ 实施企业会计准则通用分类标准的企业，应当按照有关要求向财政部报送财务报告。

### 三、会计信息化的监督管理

①企业使用的会计软件不符合《企业会计信息化工作规范》要求的，由财政部门责令限期改正。限期内不改的，财政部门应当予以公示，并将有关情况通报同级相关部门或其派出机构。

②财政部采取组织同行评议、向用户企业征求意见等方式对软件供应商提供的会计软件遵循《企业会计信息化工作规范》的情况进行检查。省、自治区、直辖市人民政府财政部门发现会计软件不符合《企业会计信息化工作规范》的，应当将有关情况报财政部。

③软件供应商提供的会计软件不符合《企业会计信息化工作规范》的，财政部可以约谈供应商主要负责人，责令限期改正。限期内未改正的，由财政部予以公示，并将有关情况通报相关部门。

# 第二章　会计电算化软件的运行环境

## 第一节　会计软件的硬件环境

### 一、硬件设备

硬件设备一般包括输入设备、处理设备、存储设备、输出设备和通信设备（网络电缆等），下面介绍前四种设备。

（一）输入设备

计算机常见的输入设备有键盘、鼠标、光电自动扫描仪、条形码扫描仪、三维码识读设备、POS 机、芯片读卡器、语音输入设备、手写输入设备等。

（二）处理设备

处理设备主要是指计算机主机。中央处理器（CPU）是计算机的核心部件，主要功能是按照程序给出的指令序列，分析并执行指令。中央处理器包括控制器和运算器两个部件，控制器的功能是控制计算机各部分协调工作，运算器则是负责计算机的算术运算和逻辑运算。

（三）存储设备

计算机的存储设备包括内存储器和外存储器。

内存储器，分为随机存储器和只读存储器，一般容量较小，但数据存取速度较快。断电后，随机存储器的数据将消失。

外存储器，一般存储容量较大，但数据存取速度较慢。常见的外存储器有硬盘、U 盘、光盘等。会计软件中的各数据一般存储在外存储器中。

（四）输出设备

计算机常见的输出设备有显示器和打印机。

在会计软件中，显示器既可以显示用户在系统中输入的各种程序和信息，也可以显示系统生成的各种会计数据和文件；打印机一般用于打印输入各类凭证、账簿、财务报表等会计资料。

## 二、硬件结构

硬件结构是指硬件设备的不同组合方式。会计电算化中常见的硬件结构有单机结构、多机松散结构、多用户结构和微机局域网络四种形式。

# 第二节 会计软件的软件环境

## 一、软件的类型

### （一）系统软件

系统软件是用来控制计算机运行，管理计算机的各种资源，并为应用软件提供支持和服务的一类软件。系统软件通常包括操作系统、数据库管理系统、支撑软件和语言处理程序等。

1. 操作系统

操作系统是指计算机系统中负责支持应用程序的运行环境以及用户操作环境的系统软件，具有对硬件直接监管、管理各种计算机资源以及提供面向应用程序的服务等功能。

2. 数据库管理系统

数据库是指按一定的方式组织起来的数据的集合，它具有数据冗余度小、可共享等特点。数据库管理系统是一种操作和管理数据库的大型软件。

数据库系统主要由数据库、数据库管理系统组成，还包括应用程序、硬件和用户。

3. 支撑软件

支撑软件是指为配合应用软件有效运行而使用的工具软件，它是软件系统的一个重要组成部分。

4. 语言处理程序

语言处理程序包括汇编程序、解释程序和编译程序等，其任务是将用汇编语言或高级语言编写的程序，翻译成计算机硬件能够直接识别和执行的机器指令代码。

### （二）应用软件

应用软件是为解决各类实际问题而专门设计的软件，会计软件属于应用软件。

## 二、会计软件安装

在安装会计软件前,技术支持人员必须确保计算机的操作系统符合会计软件的运行要求。一般情况下,因为购买通用会计软件,技术支持人员应该事先对操作系统进行一些简单的配置,以确保会计软件能够正常运行。

在检查并调协完操作系统后,技术支持人员需要安装数据库管理系统。

会计软件的正常运行需要一些支撑软件的辅助。因此,在设置完操作系统并安装数据库管理系统后,技术支持人员应该安装计算机缺少的支撑软件。

在确保计算机操作系统满足会计软件的运行要求,并安装数据库管理软件和支撑软件后,技术支持人员方可开始安装会计软件,同时应考虑会计软件与数据库系统的兼容性。

# 第三章 会计软件应用

## 第一节 会计软件的应用流程

会计软件的应用流程一般包括系统初始化、日常处理和期末处理等环节。

### 一、系统初始化

（一）系统初始化的特点和作用

系统初始化是系统首次使用时，根据企业的实际情况进行参数设置，并录入基础档案与初始数据的过程。

系统初始化是会计软件运行的基础。它将通用的会计软件转变为满足特定企业需要的系统，使手工环境下的会计核算和数据处理工作得以在计算机环境下延续和正常运行。

（二）系统初始化的内容

系统初始化的内容包括系统级初始化和模块级初始化。

1. 系统级初始化

系统级初始化的内容主要包括：

①创建账套并设置相关信息；

②增加操作员并设置权限；

③设置系统公用基础信息。

2. 模块级初始化

模块级初始化的内容主要包括：

①设置系统控制参数；

②设置基础信息；

③录入初始数据。

## 二、日常处理

（一）日常处理的含义

日常处理是指在每个会计期间，企业日常运营过程中重复、频繁发生的业务处理过程。

（二）日常处理的特点

①日常业务频繁发生，需要输入的数据量大。

②日常业务在每个会计期间重复发生，所涉及金额不尽相同。

## 三、期末处理

（一）期末处理的含义

期末处理是指在每个会计期间的期末所要完成的特定业务。

（二）期末处理的特点

①有较为固定的处理流程。

②业务可以由计算机自动完成。

## 四、数据管理

在会计软件应用的各个环节均应注意对数据的管理。

（一）数据备份

数据备份是指会计软件的数据输出保存在其他存储介质上，以备后续使用。

数据备份主要包括账套备份、年度账备份等。

（二）数据还原

数据还原又称数据恢复，是指将备份的数据使用会计软件恢复到计算机硬盘上。

数据还原主要包括账套还原、年度账还原等。

# 第二节 系统级初始化

系统级初始化包括创建账套并设置相关信息、添加管理用户并设置权限、设置系统公用基础信息等内容。

### 一、创建账套并设置相关信息

（一）创建账套

账套是指存放会计对象的所有会计业务数据文件的总称，账套中包括的文件有会计科目、记账凭证、会计账簿、会计报表等。

一个账套只能保存一个会计核算对象的业务资料，这个核算对象可以是企业的一个分部，也可以是整个企业集团。

建立账套是指在会计软件中为企业建立一套符合核算要求的账簿体系。

（二）设置账套相关信息

建立账套时需要根据企业的具体情况和核算要求设置相关信息。账套信息主要包括账套号、企业名称、企业性质、会计期间、记账本位币等。

（三）账套参数的修改

账套建立后，企业可以根据业务需要对某些已经设定的参数内容进行修改。

### 二、添加管理用户并设置权限

（一）管理用户

用户是指有权登录系统，对会计软件进行操作的人员。管理用户主要是指将合法的用户添加到系统中，设置其用户名和初始密码，或对不再使用系统的人员进行注销其登录系统的权限等操作。

（二）设置权限

在添加用户后，一般应该根据用户在企业核算工作中所担任的职务、分工来设置、修改其对各功能模块的操作权限。通过设置权限，用户不能进行没有权限的操作，也不能查看没有权限的数据。

### 三、设置系统公用基础信息

设置系统公用基础信息包括设置编码方案、基础档案、收付结算方式、凭证类别、外币和会计科目等。

（一）设置编码方案

设置编码方案是指设置具体的编码规则，包括编码级次、各级编码长度及其含义。其目的在于方便企业对基础数据的编码进行分级管理。设置编码的对象包括部门、职员、客户、供应商、科目、存货分类、成本对象、结算方式和地区分类等。

（二）设置基础档案

设置基础档案是后续进行具体核算、数据分类、汇总的基础，其内容一般包括设置企业部门档案、职员信息、往来单位信息、项目信息等。

1.设置企业部门档案

设置企业部门档案一般包括输入部门编码、名称、属性、负责人、电话、传真等，其目的是方便会计数据按照部门进行分类汇总和会计核算。

2.设置职员信息

设置职员信息一般包括输入职员编号、姓名、性别、所属部门、身份证号等，其目的是方便进行个人往来核算和管理等操作。

3.设置往来单位信息

往来单位包括客户和供应商。设置往来单位信息主要包括输入客户和供应商编码、分类、名称、开户银行、联系方式等，其目的是方便进行客户和供应商业务管理和查询。

4.设置项目信息

项目是指一个特定的核算对象或成本归集对象。

企业需要对涉及项目的所有收入、费用、支出进行专项核算和管理。设置项目信息一般包括定义核算项目、建立项目档案、输入其名称、代码等。

（三）设置收付结算方式

设置收付结算方式一般包括结算方式编码、结算方式名称等，其目的是建立和管理企业在经营活动中所涉及的倾向结算方式，方便银行对账、票据管理和结算票据的使用。

（四）设置凭证类别

设置凭证类别是指对记账凭证进行分类编制。用户可以按照企业的需求选择或自定义凭证类别。

凭证类别设置完成后，用户应该设置凭证类别限制条件和限制科目，两者组成凭证类别校验的标准，供系统对录入的记账凭证进行输入校验，以便检查录入的凭证信息和选择的凭证类别是否相符。

在会计软件中，系统通常提供的限制条件包括借方必有、贷方必有、凭证必有、凭证必无、无限制等。

（五）设置外币

设置外币是指当企业有外币核算业务时，设置所使用的外币币种、核算方法和具体汇率。用户可以增加、删除币别。

（六）设置会计科目

设置会计科目就是将企业进行会计核算所需要使用的会计科目录入到系统中，并按照企业核算要求和业务要求，对每个科目的核算属性进行设置。

设置会计科目是填制凭证、记账、编制报表等各项工作的基础。

1. 增加、修改或删除会计科目

系统通常会提供预置的会计科目。用户可以直接引入系统提供的预置会计科目，在此基础上根据需要，增加、修改、删除会计科目。如果企业所使用的会计科目与预置的会计科目相差较大，用户也可以根据需要自行设置全部会计科目。

增加会计科目时，应遵循先设置上级会计科目再设置下级会计科目的顺序。会计科目编码、会计科目名称不能为空。增加会计科目编码必须遵循会计科目编码方案。

删除会计科目时，必须先从末级会计科目删除。删除的会计科目不能为已经使用的会计科目。

2. 设置会计科目属性

①会计科目编码。会计科目编码按照会计编码规则进行。在对会计科目编码时，一般应遵守唯一性、统一性和扩展性原则。

②会计科目名称。从会计软件的要求看，企业所使用的会计科目的名称可以是汉字、英文字母、数字等符号，但不能为空。

③会计科目类型。按照国家统一的会计准则制度要求，会计科目按其性质划分为资产类、负债类、共同类、所有者权益类、成本类和损益类六种类型。用户可以选择一级会计科目所属的科目类型。如果增加二级或其以下会计科目，则系统将自动与其一级会计科目类型保持一致，用户不能更改。

④账页格式。用于定义该会计科目在账簿打印时的默认打印格式，一般可以分为普通三栏式、数量金额式、外币金额式等格式。当会计科目有数量核算时，账簿格式设置为"数量金额式"；当会计科目有外币核算要求时，账簿格式设置为"外币金额式"。

⑤外币核算。用于设定该会计科目核算是否有外币核算。

⑥数量核算。用于设定该会计科目余额是否有数量核算。如果有数量核算，则需设定数量计量单位。

⑦余额方向。用于定义该会计科目余额默认的方向。一般情况下，资产类、成本类、费用类会计科目的余额方向为借方，负债类、权益类、收入类会计

科目的余额方向为贷方。

⑧辅助核算性质。用于设置会计科目是否有辅助核算。辅助核算一般包括部门核算、个人往来核算、客户往来核算、供应商往来核算、项目核算等。辅助核算一般设置在末级科目上。某一会计科目可以同时设置多种相容的辅助核算。

⑨日记账和银行账。用于设置会计科目是否有日记账、银行账核算要求。

# 第三节　账务处理模块的应用

## 一、账务处理模块初始化工作

（一）设置控制参数

在会计软件运行之前，应该根据国家统一的会计准则制度和内部控制制度选择相应的运行控制参数，以符合企业核算的要求。在账务处理模块中，常见的参数设置包括：凭证编号方式、是否允许操作人员修改他人凭证、凭证是否必须输入结算方式和结算号、现金流量科目是否必须输入现金流量项目、出纳凭证是否必须经过出纳签字、是否对资金及往来科目项目实行赤字提示等。

这些控制参数的设置会影响账务处理模块的具体使用步骤。

（二）录入会计科目初始数据

会计科目初始数据录入是指第一次使用财务处理模块时，用户需要在开始日常核算工作前将会计科目的初始余额以及发生额等相关数据输入到系统中。

1.录入会计科目期初余额

在系统中一般只需要对末级科目录入期初余额，系统会根据下级会计科目自动汇总生成上级会计科目的期初余额。如果会计科目设置了数量核算，用户还应该输入相应的数量和单价；如果会计科目设置了外币核算，用户应该先录入本币余额，再录入外币余额；如果会计科目设置了辅助核算，用户应该在辅助账中录入期初明细数据，系统会自动汇总并生成会计科目的期初余额。

在期初余额录入完毕后，应该进行试算平衡，以检查期初余额的录入是否正确。一般情况下，由于初始化工作量较大，在日常业务发生时可能初始化工作仍然没有完成，因此即使试算报告提示有误，仍可以输入记账凭证，但是不能记账。

2. 录入会计科目本年累计发生额

用户如在会计年度初建账，只需将各个会计科目的期初余额录入系统即可；用户如在会计年度中建账，则除了需要录入启用月份的月初余额外，还需要录入本年度各会计科目截止到上月份的累计发生额。系统一般能根据本月初数和本年度截止到上月份的借、贷方累计发生额，自动计算出本年度各会计科目的年初余额。

### 二、账务处理模块的日常处理

（一）凭证管理

1. 凭证录入

凭证录入的内容包括凭证类别、凭证编号、制单日期、附件张数、摘要、会计科目、发生金额、制单人等。用户应该确保凭证录入的完整、准确。另外，对于系统初始设置时已经设置为辅助核算的会计科目，在填制凭证时，系统会弹出相应的窗口，要求根据科目属性录入相应的辅助信息；对于设置外币核算的会计科目，系统会要求输入外币金额和汇率；对于设置为数量核算的会计科目，系统会要求输入该会计科目发生的数量和交易的单价。

2. 凭证修改

（1）凭证修改的内容

凭证可以修改的内容一般包括摘要、科目、金额及方向。凭证类别、编号不能修改，制单日期的修改也会受到限制。

在对凭证进行修改后，系统仍然会按照凭证录入时的校验标准对凭证内容进行检查，只有满足了校验条件后，才能进行保存。

（2）凭证修改的操作控制

修改审核或审核标错的凭证。对未审核的凭证或标错的凭证，可以由填制人直接进行修改并保存。审核标错的凭证在修改后，出错的标记将会消失。

修改已审核而未记账的凭证。经过审核人员审核，并已签章而未记账的凭证，如果存在错误需要修改，应该由审核人员首先在审核模块中取消对该凭证的审核标志，使凭证恢复到未审核状态，然后由制单人员对凭证进行修改。

修改已记账的凭证。会计软件应当提供不可逆的记账功能，确保对同类已记账的凭证的连续编号，不得提供对已记账凭证的删除和插入功能，不得提供对已记账凭证日期、金额、会计科目和操作人员的修改功能。

修改他人制作的凭证。如果需要修改他人制作的凭证，在账务处理模块参数设置中需要勾选允许修改他人凭证的选项，修改后凭证的制单人将显示为修改凭证的操作人员。如果参数设置中不允许修改他人凭证，该功能将不能被执行。

3. 凭证审核

（1）凭证审核功能

审核凭证是指审核人员按照国家统一会计准则制度规定，对完成制单的记账凭证的正确性、合规合法性等进行检查核对，审核记账凭证的内容、金额是否与原始凭证相符，记账凭证的编制是否符合规定，所附单据是否真实、完整等。

如果审核发现错误，需要打上错误标记，交由制单人进行修改。

（2）凭证审核的操作控制

审核人员和制单人员不能是同一人。

审核凭证只能由具有审核权限的人员进行。

已经通过审核的凭证不能被修改或者删除。如果要修改或删除，需要审核人员取消审核签字后，才能进行。

审核未通过的凭证必须进行修改，并通过审核后方可用来记账。

4. 凭证记账

（1）记账功能

在会计软件中，记账是指由具有记账权限的人员，通过记账功能发出指令，由计算机按照会计软件预先设计的记账程序自动进行合法性校验、科目汇总、登记账目等操作。

（2）记账的操作控制

期初余额不平衡，不能记账。

上月未结账，本月不能记账。

未被审核的凭证不能记账。

一个月可以一天记一次账，也可以一天记多次账，还可以多天记一次账。

记账过程中，不应人为终止记账。

5. 凭证查询

在会计业务处理过程中，用户可以查询符合条件的凭证，以便随时了解经济业务发生的情况。

（二）出纳管理

出纳主要负责现金和银行存款的管理。

出纳管理的主要工作包括：现金日记账、银行存款日记账和资金日报表的管理，支票管理，进行银行对账并输出银行存款余额调节表。

1. 现金日记账、银行存款日记账和资金日报表的管理

出纳对现金日记账和银行存款日记账的管理包括查询和输出现金及银行存款日记账；出纳对资金日报表的管理包括查询、输出或打印资金日报表，提供当日借、贷金额合计和余额，以及发生的业务量等信息。

资金日报表以日为单位，列示现金、银行存款科目当日累计借方发生额和贷方发生额，计算出当日的余额，并累计当日发生的业务笔数，对每日的资金收支业务、金额进行详细汇报。

2. 支票管理

支票管理主要包括支票的购置、领用和报销。

支票购置是指对从银行新购置的空白支票进行登记操作。登记的内容包括购置支票的银行账号、购置支票的规则、购置支票的类型、购置日期等。

支票领用时应登记详细的领用记录，包括领用部门、领用人信息、领用日期、支票用途、支票金额、支票号、备注等。

对已领用的支票，在支付业务处理完毕后，应进行报销处理。会计人员应填制相关记账凭证，并填入待报销支票的相关信息，包括支票号、结算方式、签发日期、收款人名称、付款金额等。

3. 银行对账

银行对账是指在每月月末，企业的出纳人员将企业的银行存款日记账与开户银行发来的当月银行存款对账单进行逐笔核对，勾对已达账项，找出未达账项，并编制每月银行存款余额调节表。

在会计软件中执行银行对账功能，具体步骤包括：银行对账初始数据录入、本月银行对账单录入、对账、银行存款余额调节表的编制等。

①银行对账初始数据录入。在首次启用银行对账功能时，需要事先录入账务处理模块启用日期前的银行和企业账户余额及未达账项，即银行对账的初始数据。从启用月份开始，上月对账的未达账项将自动加入以后月份的对账过程中。

②本月银行对账单录入。对账前，必须将本月银行对账单的内容录入到系统中。录入的对账单内容一般包括入账日期、结算方式、结算单据字号、借方发生额、贷方发生额，余额由系统自动计算。

③对账。系统进行自动对账的条件一般包括：业务发生的日期、结算方式、结算票号、发生金额相同等。其中，发生金额相同是对账的基本条件，对于其他条件，用户可以根据需要自行选择。

在会计电算化环境下，系统提供自动对账功能，即系统根据用户设置的对账条件进行逐笔检查，对达到标准的记录进行勾对，未勾对的即为未达账项。

除了自动对账外，系统一般还提供手工对账功能。特殊情况下，有些已达账项系统无法通过设置的对账条件识别，这就需要出纳人员通过人工识别进行勾对。

④银行存款余额调节表的编制。对账完成后，系统根据本期期末的银行存款日记账的余额、银行对账单的余额对未达账项进行调整，自动生成银行存款余额调节表。调整后，银行存款日记账和银行对账单的余额应该相等。用户可以在系统中查询余额调节表，但不能对其进行修改。

⑤核销已达账项。对账平衡后，核销银行日记账已达账项和银行对账单已达账项。

（三）账簿查询

1.科目账查询

①总账查询。用于查询各总账科目的年初余额、各月期初余额、发生额合计和期末余额。总账查询可以根据需要设置查询条件，如会计科目代码、会计科目范围、会计科目级次、是否包含未记账凭证等。在总账查询窗口下，系统一般允许联查当前会计科目当前月份的明细账。

②明细账查询。用于查询各账户的明细发生情况，用户可以设置多种查询条件查询明细账，包括会计科目范围、查询月份、会计代码、是否包括未记账凭证等。在明细账查询窗口下，系统一般允许联查所选明细事项的记账凭证及联查总账。

③余额表。用于查询统计各级会计科目的期初余额、本期发生额、累计发生额和期末余额等。用户可以设置多种查询条件。利用余额表可以查询和输出总账科目、明细科目在某一时期的期初余额、本期发生额、累计发生额和期末余额；可以查询和输出某会计科目范围在某一时期的期初余额、本期发生额、累计发生额和期末余额；可以查询和输出包含未记账凭证在内的最新发生额及期初余额和期末余额。

④多栏账。多栏账即多栏式明细账，用户可以预先设计企业需要的多栏式明细账，然后按照明细科目保存为不同名称的多栏账。查询多栏账时，用户可以设置多种查询条件，包括多栏账名称、月份、是否包含未记账凭证等。

⑤日记账。用于查询除现金日记账、银行日记账之外的其他日记账。用

户可以查询和输出某日所有会计科目（不包括现金、银行存款会计科目）的发生额及余额情况。用户可以设置多种查询条件，包括查询日期、会计科目级次、会计科目代码、币别、是否包含未记账凭证等。

2. 辅助账查询

辅助账查询一般包括客户往来、供应商往来、个人往来、部门核算、项目核算的辅助总账、辅助明细账查询。在会计科目设置时，如果某一会计科目设置多个辅助核算，则在输出时会提供多种辅助账簿信息。

### 三、账务处理模块的期末处理

账务处理模块的期末处理是指会计人员在每个会计期间的期末所要完成的特定业务，主要包括会计期末的转账、对账、结账等。

（一）自动转账

自动转账是指对于期末那些摘要、借贷方会计科目相同，发生金额的来源或计算方法基本相同，相应凭证处理基本固定的会计业务，将其既定模式事先录入并保存到系统中，在需要的时候，让系统按照既定模式，根据对应会计期间的数据自动生成相应的记账凭证。

自动转账的目的在于减少工作量，避免会计人员重复录入此类凭证，提高记账凭证录入的速度和准确度。

1. 自动转账的步骤

（1）自动转账定义

自动转账是指对需要系统自动生成凭证的相关内容进行定义。在系统中事先进行自动转账定义，设置的内容一般包括：编号、凭证类别、摘要、发生会计科目、辅助项目、发生方向、发生额计算公式等。

（2）自动转账生成

自动转账生成是指在自动转账定义完成后，用户每月月末只需要执行转账生成功能，即可快速生成转账凭证，并被保存到未记账凭证中。

用户应该按期末结转的顺序来执行自动转账生成功能。此外，在自动转账生成前，应该将本会计期间的全部经济业务填制记账凭证，并将所有未记账凭证审核记账。

保存系统自动生成的转账凭证时，系统同样会对凭证进行校验，只有通过了系统校验的凭证才能进行保存。生成后的转账凭证将被保存到记账凭证文件中，制单人为执行自动转账生成的操作员。自动生成的转账凭证同样要进行后续的审核、记账。

2. 常用的自动转账功能

①自定义转账。自定义转账功能包括自定义转账定义和自定义转账生成。自定义转账定义允许用户通过自动转账功能自定义凭证的所有内容，然后用户可以在此基础上执行转账生成。

②期间损益结转。期间损益结转包括期间损益定义和期间损益生成。期间损益结转用于在一个会计期间结束时，将损益类科目的余额结转到本年利润科目中，从而及时反映企业利润盈亏情况。

用户应该将所有未记账的凭证审核记账后，再进行期间损益结转。在操作时需要设置凭证类别，一般凭证类别为转账凭证。执行此功能后，一般系统能够自动搜索和识别需要进行损益结转的所有科目（即损益类科目），并将它们的期末余额（即发生净额）转到本年利润科目中。

（二）对账

对账是指为保证账簿记录正确可靠，对账簿数据进行检查核对。

对账主要包括总账和明细账、总账和辅助账、明细账和辅助账的核对。为了保证账证相符、账账相符，用户应该经常进行对账，至少一个月一次，一般可在月末结转前进行。只有对账正确，才能进行结账操作。

（三）月末结账

1. 月末结账功能

结账主要包括计算和结转各账簿的本期发生额和期末余额，终止本期的账务处理工作，并将会计科目余额结转至下月作为月初余额。结账每个月只能进行一次。

2. 月末结账操作的控制

结账工作必须在本月的核算工作都已完成，系统中数据状态正确的情况下才能进行。因此，结账工作执行时，系统会检查相关工作的完成情况，主要包括以下内容。

①检查本月记账凭证是否已经全部记账，如有未记账凭证，则不能结账。

②检查上月是否已经结账，如上月未结账，则本月不能结账。

③检查总账与明细账、总账与辅助账是否对账正确，如果对账不正确则不能结账。

④对会计科目余额进行试算平衡，如试算不平衡将不能结账。

⑤检查损益类账户是否结转到本年利润，如损益类科目还有余额，则不能结账。

⑥当其他各模块已经启用时，账务处理模块必须在其他各模块都结账后，才能结账。

结账只能由具有结账权限的人进行。在结账前，最好进行数据备份，一旦结账后发现业务处理有误，可以利用备份数据恢复到结账前的状态。

# 第四节　固定资产管理模块的应用

## 一、固定资产管理模块初始化工作

（一）设置控制参数

1. 设置启用会计期间

启用会计期间是指固定资产管理模块开始使用的时间。一般与账务处理模块同时启用。

固定资产管理模块的启用会计期间不得早于系统中该账套建立的期间。设置启用会计期间在第一次进入固定资产模块时进行。

2. 设置折旧相关内容

设置折旧相关内容一般包括：是否计提折旧、折旧率小数位数等。如果确定不计提折旧，则不能操作账套内与折旧有关的功能。

3. 设置固定资产编码

固定资产编码是区分每一项固定资产的唯一标识。

（二）设置基础信息

1. 设置折旧对应科目

折旧对应科目是指折旧费用的入账科目。

资产计提折旧后必须设定折旧数据应归入哪个成本或费用科目。根据固定资产的使用状况，某一部门的固定资产的折旧费用可以归集到一个比较固定的会计科目，便于系统根据部门生成折旧凭证。

2. 设置增减方式

企业固定资产增加或减少的具体方式不同，其固定资产的确认和计算方法也不同。记录和汇总固定资产具体增减方式的数据是为了满足企业加强固定资产管理的需要。

固定资产增加方式主要有：直接购买、投资者投入、捐赠、盘盈、在建工程转入、融资租入等。

固定资产减少方式主要有：出售、盘亏、投资转出、捐赠转出、报废、毁损、融资租出等。

3. 设置使用状况

企业需要明确固定资产的使用状况，加强固定资产的核算和管理。同时，不同使用状况的固定资产折旧计提处理也有区别，需要根据使用状况设置相应的折旧规则。

固定资产使用状况包括：在用、经营性出租、大修理停用、季节性停用、不需要和未使用。

4. 设置折旧方法

设置折旧方法是系统自动计算折旧的基础。折旧方法通常包括：不提折旧、平均年限法、工作量法、年数总和法和双倍余额递减法等。系统一般会列出每种折旧方法默认的折旧计算公式，企业也可以根据需要，定义适合自己的折旧方法的名称和计算公式。

5. 设置固定资产类别

固定资产类别种类繁多，规格不一，需建立科学的固定资产分类体系。为强化固定资产管理，企业可根据自身的特点和管理方法，确定一个较为合理的固定资产分类方法。

（三）录入原始卡片

固定资产卡片是固定资产核算和管理的数据基础。在初始使用固定资产模块时，应该录入期初（即上期期末）的固定资产数据，作为后续固定资产核算和管理的基础。固定资产卡片记录每项固定资产的详细信息，一般包括：固定资产编号、名称、类别、规格型号、使用部门、增加方式、使用状况、预计使用年限、残值率、折旧方法、开始使用日期、原值、累计折旧等。

**二、固定资产管理模块的日常处理**

企业日常运营中会发生固定资产相关业务，一般包括资产增加、减少、固定变动等。在每个会计期间，用户可在固定资产管理模块中对相关日常业务进行管理和核算。

（一）固定资产增加

固定资产增加是指企业购进或通过其他方式增加固定资产，应为增加的固定资产建立一张固定资产卡片，录入增加的固定资产的相关信息、数据。

（二）固定资产减少

固定资产减少业务的核算不是直接减少固定资产的价值，而是输入资产减少卡片，说明减少原因，记录业务的具体信息和过程，保留审计线索。

（三）固定资产变动

固定资产的变动业务包括价值信息变更和非价值信息变更两部分，以下主要介绍价值信息变更。价值信息变更包括固定资产原值变动和折旧要素的变更。

①固定资产原值变动。固定资产使用过程中，其原值变动的原因一般包括根据国家规定，对固定资产重新估价；增加补充设备或改良设备；将固定资产的一部分拆除；根据实际价值调整原来的暂估价值；发现原记录固定资产的价值有误等。

②折旧要素的变更。折旧要素的变更包括使用年限调整、折旧方法调整、净残值（率）调整、累计折旧调整等。

（四）生成记账凭证

设置固定资产凭证处理选项之后，固定资产管理模块对于需要填制记账凭证的业务能够自动完成记账凭证填制工作，并传递给账务处理模块。

### 三、固定资产管理模块的期末处理

（一）计提折旧

固定资产管理模块提供自动计提折旧的功能。初次录入固定资产原始卡片时，应将固定资产的原值、使用年限、残值（率）以及折旧计提方法等相关信息录入系统。期末，系统利用自动计提折旧功能，对各项固定资产按照定义的折旧方法计提折旧，并将计提的折旧额自动累计到每项资产的累计折旧项目中，并减少固定资产账面价值。然后，系统将计提的折旧金额依据每项固定资产的用途归到对应的成本、费用项目中，生成折旧分配表，并以此为依据，制作相应的记账凭证，并传递给账务处理模块。

（二）对账

固定资产管理模块的对账功能主要是与账务处理模块进行对账。对账工作主要是保证固定资产管理模块的资产价值、折旧、减值准备等与账务处理模块中对应科目的金额一致。

（三）月末处理

用户在固定资产管理模块中完成本月全部业务和生成凭证并对账正确后，可以进行月末结账。

（四）相关数据查询

固定资产管理模块提供账表查询功能，用户可以将固定资产相关信息按照不同标准进行分类、汇总、分析和输出，以满足各方面管理决策的需要。

# 第五节　工资管理模块的应用

## 一、工资管理模块初始化工作

（一）设置基础信息

①设置工资类别。工资类别用于对工资核算范围进行分类。企业一般可按人员、部门或时间等设置多个工资类别。

②设置工资项目。设置工资项目是计算工资的基础，包括工资项目名称、类型、数据长度、小数位数等。

③设置工资项目计算公式。设置工资项目计算公式是指企业根据财务制度，设置某一工资类别下的工资计算公式。

④设置工资类别所对应的部门。设置工资类别所对应的部门后，可以按部门核算各类人员工资，提供部门核算资料。

⑤设置所得税。为了计算与申报个人所得税，需要对个人所得税进行相应的设置。设置内容包括基本扣减额、所得项目、累进税率表等。

⑥设置工资费用分摊。企业在月内发放的工资，不仅要按工资用途进行分配，而且需要按工资一定比例计提某些费用，为此系统提供设置计提费用种类和设置相应科目的功能。

（二）录入工资基础数据

第一次使用工资管理模块必须将所有人员的基本工资数据录入计算机。

由于工资数据具有来源分散等特点，工资管理模块一般提供以下数据输入方式。

①单个记录录入。选定某一特定员工，输入或修改其工资数据。

②成组数据录入。先将工资项目分组，然后按组输入。

③按条件成批替换。对符合条件的某些工资项，统一替换为一个相同的数据。

④公式计算。适用于有确定取数关系的数据项。

⑤从外部直接导入数据。通过数据接口将工资数据从车间、后勤等外部系统导入工资管理模块。

### 二、工资管理模块的日常处理

（一）工资计算

1.工资变动数据录入

工资变动数据录入是指输入某个期间工资项目中相对变动的数据，如奖金、请假扣款等。

工资变动是指对工资可变项目的具体数额进行修改，以及对个人的工资数据进行修改、增删。

2.工资数据计算

工资数据计算是指按照所设置的公式计算每位员工的工资数据。

（二）个人所得税计算

工资管理模块提供个人所得税自动计算功能，用户可以根据政策的调整，定义最新的个人所得税税率表，系统可以自动计算个人所得税。

（三）工资分摊

工资分摊是指对当月发生的工资费用进行工资总额的计算、分配及各种经费的计提，并自动生成转账凭证传递到账务处理模块。

工资分摊项目一般包括应付工资、应付福利费、职工教育经费、工会经费、各类保险等。

（四）生成记账凭证

根据工资费用分摊的结果及设置的借贷科目，生成记账凭证并传递到账务处理模块。

### 三、工资管理模块的期末处理

（一）期末结账

在当期工资数据处理完毕后，需要通过期末结账功能进入下一个期间。系统可以对不同的工资类别分别进行期末结账。

（二）工资表及其分析表

工资数据处理最终通过工资报表的形式反映，工资管理模块提供了主要的工资表。报表的格式由会计软件提供，如果对提供的报表的固定格式不满意，用户也可以自行设计。

1. 工资表

工资表主要用于对本月工资发放和统计，包括工资发放表、工资汇总表等。用户可以对系统提供的工资表进行修改，使报表格式更符合企业的需要。

2. 工资分析表

工资分析表是以工资数据为基础，对按部门、人员等方式分类的工资数据进行分析和比较，产生各种分析表，供决策人员使用。

# 第六节　应收管理模块的应用

## 一、应收管理模块初始化工作

（一）控制参数和基础信息的设置

1. 控制参数的设置

①基本信息的设置。主要包括企业名称、银行账号、应用年份与会计期间设置。

②坏账处理方式的设置。企业应当按期估计坏账损失、计算坏账准备，当某一应收款项全部确认为坏账准备时，应根据其金额冲减坏账准备，同时转销相应的应收款项金额。

③应收款核销方式的设置。应收款核销是确定收款与销售发票、应收单据之间对应关系的操作，即指明每一次收款是哪几笔销售业务款项。应收管理模块一般提供按单据、按存货等核销方式。

④规则选项。应收管理模块的规则选项一般包括：核销是否自动生成凭证、预收冲应收是否生成转账凭证等。

2. 基础信息的设置

①设置会计科目。设置会计科目是指定义应收管理模块凭证制单所需的基本科目。

②设置对应科目的结算方式。设置对应科目的结算方式即设置对应科目的收款方式，主要包括现金、支票、汇票等。

③设置账龄区间。设置账龄区间是指为进行应收账款账龄分析，根据欠款时间，将应收账款划分为若干等级，以便掌握客户欠款时间的长短。

（二）期初余额录入

初次使用应收管理模块时，要将系统启用中前未处理完的所有客户的应收账款、预收账款、应收票据等数据录入到系统中，以便以后进行核销处理。一般包括初始单据、初始票据、初始坏账的录入。

当第二年度处理时，应收管理模块自动将上年未处理完的单据转为下一年的期初余额。

## 二、应收管理模块的日常处理

（一）应收处理

1. 单据处理

（1）应收单据处理

企业的应收款源于销售发票（包括专用发票、普通发票）和其他应收单。

如果应收管理与销售管理模块同时使用，则销售发票必须在销售管理模块中填制，并在审核后自动传递给应收管理模块，在应收管理模块中只需录入未计入销售货款和税款的其他应收单数据（如代垫款项、运输装卸费、违约金等）。

企业如果不使用销售管理模块，则全部业务单据必须在应收管理模块中录入。

应收管理模块具有销售发票与其他应收单的新增、修改、删除、查询、预览、打印、制单、审核记账以及其他处理功能。

（2）收款单据处理

收款单据用来记录企业收到的客户款项。收款单据处理主要是对收款单和预收单进行新增、修改、删除等操作。

（3）单据核销

单据核销主要用于建立收款与应收款的核销记录，加强往来款项的管理，同时核销日期也是账龄分析的重要依据。

2. 转账处理

①应收冲应收。应收冲应收是指将一家客户的应收款转到另一家客户。通过将应收款业务在客户之间的转入、转出，实现应收业务的调整，解决应收款业务在不同客户间入错户和合并户等问题。

②预收冲应收。预收冲应收用于处理客户的预收款和该客户应收欠款的

转账核销业务。

③应收冲应付。应收冲应付是指用某客户的应收款冲抵某供应商的应付款项。通过应收冲应付，将应收款业务在客户和供应商之间进行转账，实现应收业务的调整，解决应收债权与应付债务的冲抵问题。

（二）票据管理

票据管理用来管理企业销售商品、提供劳务收到的银行承兑汇票或商业承兑汇票。

对应收票据的处理主要是对应收票据进行新增、修改、删除及收款、退票、背书、贴现等操作。

（三）坏账处理

1.坏账准备计提

坏账准备计提是系统根据用户在初始设置中选择的坏账准备计提方法，自动计算坏账准备金额，并按用户设置的坏账准备科目，自动生成一张计提坏账的记账凭证。

2.坏账发生

用户选定坏账单据并输入坏账发生的原因、金额后，系统将根据客户单位、单据类型查找业务单据，对所选的单据进行坏账处理，并自动生成一张坏账损失的记账凭证。

3.坏账收回

坏账收回是指已确认为坏账的应收账款又被收回。一般处理方法是：当收回一笔坏账时，先填制一张收款单，其金额即为收回坏账的金额；然后根据客户代码查找并选择相应的坏账记录，系统自动生成相应的坏账收回记账凭证。

（四）生成记账凭证

应收管理模块为每一种类型的收款业务编制相应的记账凭证，并将凭证传递到账务处理模块。

## 三、应收管理模块的期末处理

（一）期末结账

当月业务全部处理完毕，在销售管理模块月末结账的前提下，可执行应收管理模块的月末结账功能。

（二）应收账款查询

应收账款查询包括单据查询和账表查询。单据查询主要是对销售发票和收款单等单据的查询；账表查询主要是对往来总账、往来明细账、往来余额表的查询，以及总账、明细账、单据之间的联查。

（三）应收账龄分析

账龄分析主要是用来对未核销的往来账余额、账龄进行分析，及时发现问题，加强对往来款项动态的监督管理。

# 第七节　应付管理模块的应用

## 一、应付管理模块初始化工作

（一）控制参数和基础信息的设置

1. 控制参数的设置

①基本信息的设置。主要包括企业名称、银行账号、应用年份与会计期间设置。

②应付款核销方式的设置。应付款核销是确定付款与采购发票、应付单据之间对应关系的操作，即指明每一次付款是哪几笔采购业务款项。应付管理模块一般提供按单据、按存货等核销方式。

③规则选项。应付管理模块的规则选项一般包括：核销是否自动生成凭证、预付冲应付是否生成转账凭证等。

2. 基础信息的设置

①设置会计科目。设置会计科目是指定义应付管理模块凭证制单所需的基本科目，如应付科目、预付科目、采购科目、税金科目等。

②设置对应科目的结算方式。设置对应科目的结算方式即设置对应科目的付款方式，主要包括现金、支票、汇票等。

③设置账龄区间。设置账龄区间是指为进行应付账款账龄分析，根据欠缺时间，将应付账款划分为若干等级，以便掌握供应商欠款时间的长短。

（二）期初余额录入

初次使用应付管理模块时，要将系统启用前未处理完的所有供应商的应付账款、预付账款、应付票据等数据录入到系统中，以便以后进行核销处理。

当第二年度处理时，系统会自动将上年未处理完的单据转为下一年的期初余额。

## 二、应付管理模块的日常处理

（一）应付处理

1. 单据处理

（1）应付单据处理

企业的应付款源于采购发票（包括专用发票、普通发票）和其他应付单据。

如果应付管理模块与采购管理模块同时使用，采购发票必须在采购管理模块中填制，并在审核后自动传递给应付管理模块，应付管理模块中只需录入未计入采购货款和税款的其他应付单数据。

企业如果不使用采购管理模块，则全部业务单据都必须在应付管理模块中录入。

应付管理模块具有对采购发票与其他应付单的新增、修改、删除、查询、预览、打印、制单、审核记账以及其他处理功能。

（2）付款单据处理

付款单据处理用来记录企业支付给供应商的款项。付款单据处理主要包括对付款单和预付单进行新增、修改、删除等操作。

（3）单据核销

单据核销主要用于建立付款与应付款的核销记录，加强往来款项的管理，同时核销日期也是账龄分析的重要依据。

2. 转账处理

①应付冲应付。应付冲应付是指将一家供应商的应付款转到另一家供应商。通过将应付款业务在供应商之间转入、转出，实现应付业务的调整，解决应付款业务在不同供应商间入错户和合并户等问题。

②预付冲应付。预付冲应付用于处理供应商的预付款和对该供应商应付欠款的转账核销业务。

③应付冲应收。应付冲应收是指用某供应商的应付款，冲抵某客户的应收款项。通过应付冲应收，将应付款业务在供应商和客户之间进行转账，实现应付业务的调整，解决应付债务与应收债权的冲抵问题。

（二）票据管理

票据管理用来管理企业因采购商品、接受劳务等而开出的商业汇票，包括银行承兑汇票和商业承兑汇票。对应付票据的处理主要是对应付票据进行新增、修改、删除及付款、退票等操作。

（三）生成记账凭证

应付管理模块为每一种类型的付款业务编制相应的记账凭证，并将记账凭证传递到账务处理模块。

### 三、应付管理模块的期末处理

（一）期末结账

当月业务全部处理完毕，在采购管理模块月末结账的前提下，可执行应付管理模块的月末结账功能。

（二）应付账款查询

应付账款查询包括单据查询和账表查询。单据查询主要是对采购发票和付款单等单据的查询；账表查询主要是对往来总账、往来明细账、往来余额表的查询，以及总账、明细账、单据之间的联查。

（三）应付账龄分析

应付账龄分析主要是用来对未核销的往来账余额、账龄进行分析，及时发现问题，加强对往来款项动态的监督管理。

## 第八节　报表管理模块的应用

### 一、报表数据来源

报表数据的来源，除了手工录入，还有以下两种。

（一）源于报表管理模块其他报表

会计报表中，某些数据可能取自某会计期间同一会计报表数据，也可能取自某会计期间其他会计报表的数据。

（二）源于系统内部其他模块

会计报表数据可以来自系统内的其他模块，包括账务处理模块、固定资产模块等。

## 二、报表管理模块应用基本流程

（一）格式设置

报表格式设置的具体内容一般包括：定义报表尺寸、定义报表行高列宽、画表格线、定义单元属性、定义组合单元、设置关键字等。

1. 定义报表尺寸

定义报表尺寸是指设置报表的行数和列数。可事先根据定义的报表大小，计算该表所需的行数和列数，然后进行设置。

2. 定义报表行高列宽

设置行高、列宽应以能够放下本表中最高数字和最宽数据为原则，否则在生成报表时，会产生数据溢出的错误。

3. 画表格线

为了满足查询打印的需要，在报表尺寸设置完毕、报表输出前，还需要在适当的位置上画表格线。

4. 定义单元属性

定义单元属性包括设置单元类型、数据格式、数据类型、对齐方式、字型、字体、字号及颜色、边框样式等内容。

5. 定义组合单元

把几个单元作为一个单元来使用即为组合单元。所有针对单元的操作对组合单元同样有效。

（二）公式设置

在报表中，由于各报表的数据间存在着密切的逻辑关系，所以报表中各数据的采集、运算需要使用不同的公式。

报表中，主要有计算公式、审核公式和舍位平衡公式。

1. 计算公式

计算公式是指对报表数据单元进行赋值的公式，是必须定义的公式。

计算公式的作用是从账簿、凭证、本表或他表等处调用、取出所需要的数据，并填入相关的单元格中。

2. 审核公式

审核公式用于审核报表内或报表间的数据勾稽关系是否正确，不是必须定义的公式。

审核公式由关系公式和提示信息组成。审核公式把报表中某一单元或某一区域与另外一单元或某一区域其他字符之间用逻辑运算符连接起来。

3. 舍位平衡公式

舍位平衡公式用于报表数据进行进位或小数取整后调整数据，如将以"元"为单位的报表数据变成以"万元"为单位的报表数据，表中的平衡关系仍然成立。舍位平衡公式不是必须定义的公式。

（三）数据生成

报表公式定义完成后，或者在报表公式未定义完需要查看报表数据时，将报表切换到显示数据的状态，就生成了报表的数据。

（四）报表文件的保存

新建的报表文件，用户需要对其进行保存。

（五）报表文件的输出

会计报表输出是报表管理系统的重要功能之一。会计报表按输出方式的不同，通常分为：屏幕查询输出、图形输出、磁盘输出、打印输出和网络传送五种类型。

### 三、利用报表模板生成报表

报表管理模块通常提供按行业设置的报表模板，为每个行业提供若干张标准的会计报表模板，以便用户直接从中选择合适的模板快速生成固定格式的会计报表。用户不仅可以修改系统提供的报表模板中的公式，而且可以生成、调用自行设计的报表模板。

下篇　会计电算化实务操作

# 项目一 系统管理操作过程

## 任务一 启动系统管理及操作员设置

### 一、启动系统管理

1. 操作要求：双击桌面"系统管理"图标。

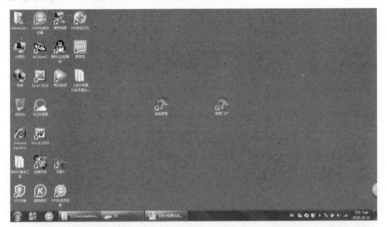

2. 操作结果如下图所示。

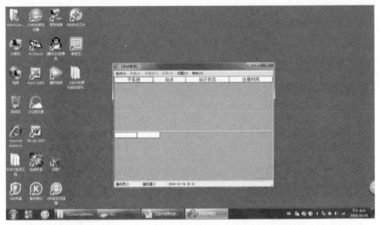

## 二、系统注册

1.操作要求：点击"系统"菜单。

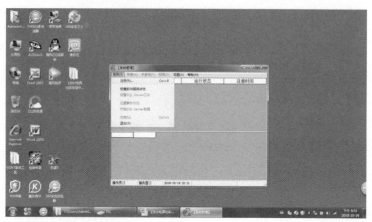

2.操作要求：点击"注册"。

3.操作要求：输入用户名 admin（大小写字母均可）。

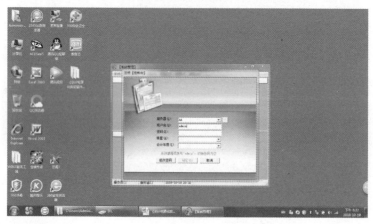

4. 第一次进入系统，"账套、会计年度"不输入任何内容，点击"确定"按钮。

## 三、增加操作员

1. 操作要求：点击"权限"菜单。

2. 操作要求：点击"操作员"。

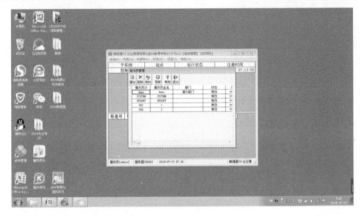

3. 操作要求：点击"增加"按钮（根据需要点击"删除、修改、退出"等按钮）。

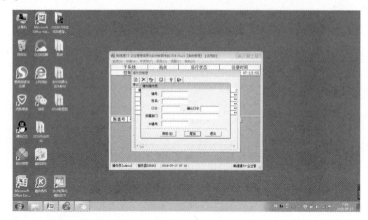

4. 根据下面表格内容输入：操作员，输完第一个后点击"增加"按钮，依此类推。

| 编号 | 姓名 | 所属部门 |
|------|------|----------|
| cw01 | 自己名 | 财务部 |
| cw02 | 孙明 | 财务部 |
| cw03 | 张玲 | 财务部 |

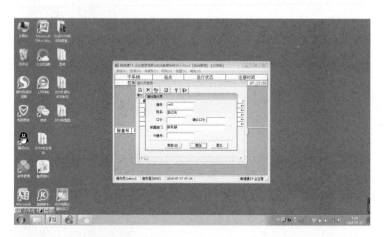

5. 操作要求：两次点击"退出"按钮。

## 任务二 建立账套

1. 操作要求：点击"账套"菜单。

2. 点击"建立"选项。

3. 在对应的窗口中输入下面内容。

（1）账套信息

账套号：444

账套名称：天宇股份有限公司

账套路径：D:\ 自己名 ZW（建立账套前，在 D 盘建立一文件夹"自己名 ZW"，数据可以直接存入该文件夹）

启用会计期间：2018 年 1 月

操作要求：点击"下一步"按钮。

（2）单位信息

单位名称：天宇股份有限公司

单位简称：天宇公司

地址：大连市沙河口区中山路 8 号

法人代表：王丽华

邮政编码：116023

操作要求：点击"下一步"按钮。

（3）核算类型

记账本位币：人民币

企业类型：工业

行业性质：2007 年新会计准则

账套主管：自己名（点击右侧"▼"按钮，选择"自己名"）

操作要求：点击"下一步"按钮。

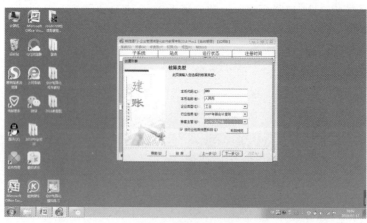

（4）基础信息

存货是分类

客户是分类

供应商是分类

操作要求：

①点击"下一步"按钮。

②点击"完成"按钮。

③可以创建账套了吗？点击"是"按钮。

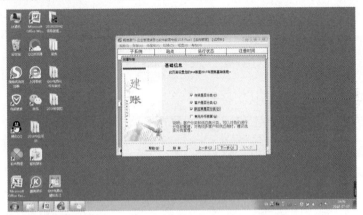

（5）分类编码方案

科目编码级次：4-2-2-2

客户分类编码级次：1-2-3

供应商分类编码级次：2-2-2

部门编码级次：1-2-2

其余为默认

操作要求：点击"确认"按钮。

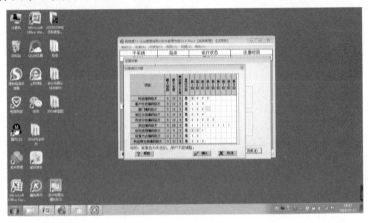

（6）数据精度默认

操作要求：点击"确认"按钮。

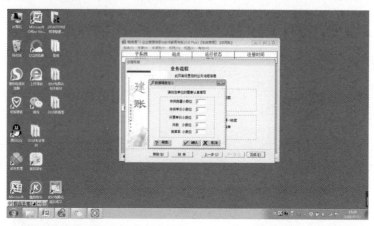

操作要求：点击"确认"按钮。

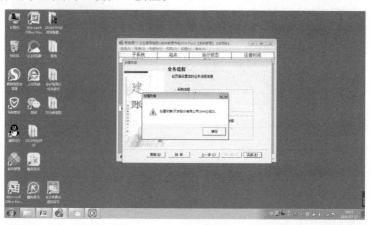

操作要求：点击"是"按钮。

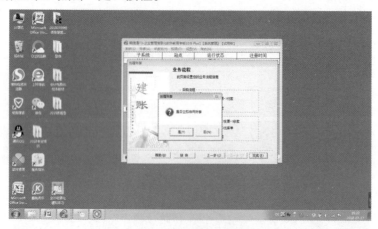

（7）系统启用

总账、固定资产、工资管理　2018 年 1 月 1 日

操作要求：点击各项前面的"□"。

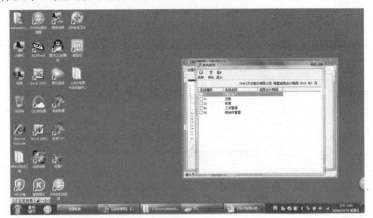

操作要求：选择修改日期。

操作要求：点击"确定"按钮。

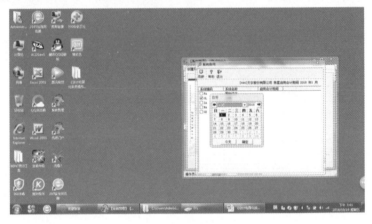

操作要求：点击"是"按钮。

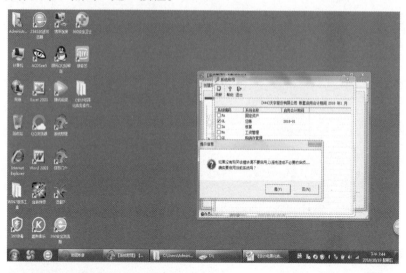

其他系统启用操作过程依此类推。

操作要求：点击"退出"按钮。

# 任务三　操作员权限设置

根据下面表格内容进行操作。

| 编号 | 姓名 | 权限 |
|------|------|------|
| cw01 | 自己名 | 账套主管 |
| cw02 | 孙明 | 总账中"审核凭证" |
| cw03 | 张玲 | 总账中"出纳签字"、现金管理中"所有项" |

1. 操作要求：打开对话框。

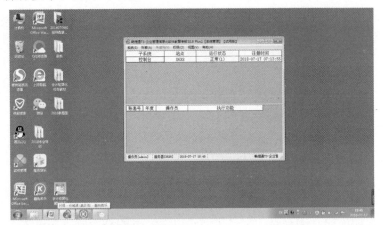

2. 操作要求：点击"权限"菜单。

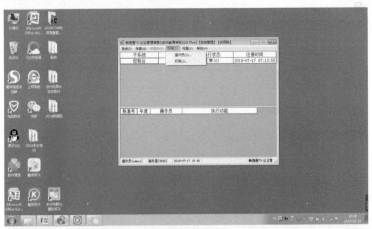

3. 操作要求：点击"权限"选项。

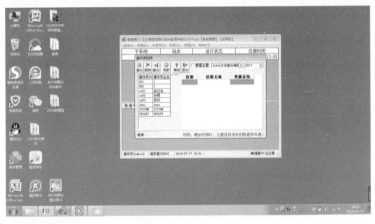

4.操作要求：点击"自己名"。

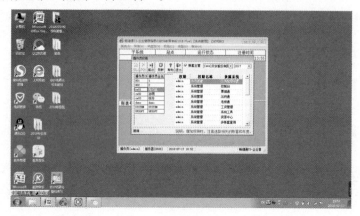

因在前面建立账套时，选择了"自己名"是账套主管，所以不需要重新设置权限。

5.设置孙明的权限，操作要求：点击"孙明"。

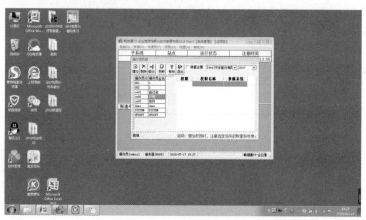

6.操作要求：点击"增加"按钮。

7. 操作要求：点击"总账"，选择"审核凭证"并双击，注意"审核凭证"前面框中应变成蓝色，点击"确定"按钮。

8. 操作要求：点击"退出"按钮。

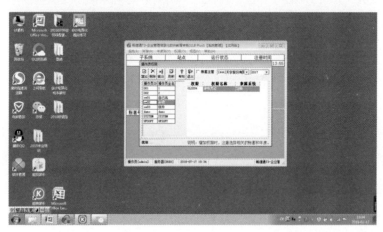

其他人的权限设置如前操作过程（省略）。

## 任务四　设置备份计划

设置"001　天宇股份会计数据备份"。

对会计数据进行备份，发生天数为每天，从 16:30 开始，有效触发时间为 3 小时，数据保留 5 天。

对"天宇股份有限公司"会计数据进行备份，数据保存到"D:\ 自己名 ZW"路径下。

1. 操作要求：点击"系统"。

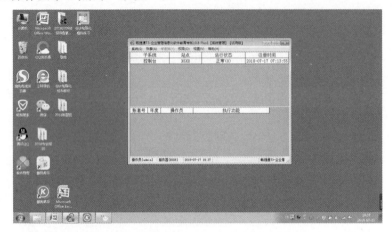

2. 操作要求：点击"设置备份计划"。

3. 操作要求：点击"增加"按钮。

4. 操作要求：点击"增加"按钮。

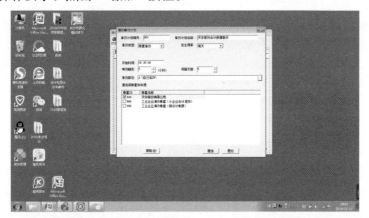

5. 操作要求：点击"退出"按钮。

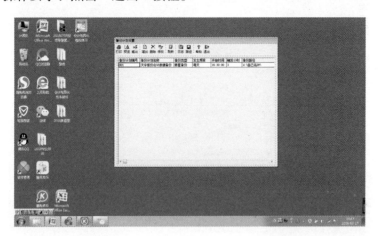

6. 操作要求：点击"退出"按钮。

# 任务五 修改账套及启动其他模块

## 一、修改账套

注意：admin 不能修改账套，只有账套主管 cw01 可以修改。

①单位税号：116023010257698。

②有外币核算。

1. 第一种方法，可以先在"系统"里"注销"，再重新"注册"。

2. 操作要求：点击"确定"按钮。

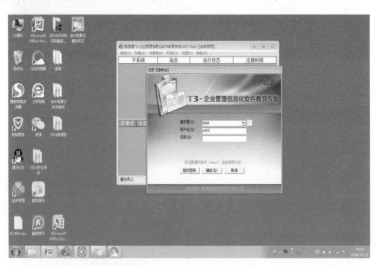

3. 操作要求：点击"确定"按钮。

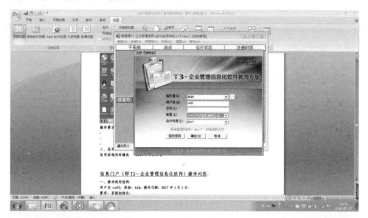

4. 操作要求：点击"账套"。

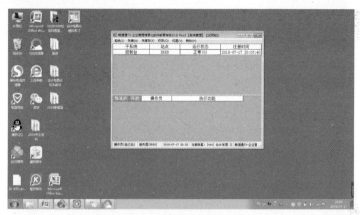

5. 操作要求：点击"账套"，点击"修改"，进行下一步操作。

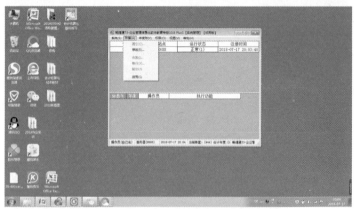

　　第二种方法，可以先退出"系统管理"，再重新"注册"，过程如前所述（省略）。

## 二、启用其他模块

注意：admin 不能再启用其他模块，只有账套主管 cw01 可以启用。

启用其他所有模块　2018 年 1 月 1 日

操作要求：按照修改账套过程进行。

# 项目二　账务系统初始化操作过程

## 任务一　账务系统初始化——基础设置

### 一、系统初始化

操作使用说明：

用户名：cw01；账套：444；操作日期：2018 年 1 月 1 日。

1. 操作要求：双击桌面上"T3– 企业管理信息化软件教育专版（或信息门户）"图标。

2. 操作要求：点击"确定"按钮。

## 二、基础设置

（一）部门档案

根据下面表格内容进行操作。

| 部门编码 | 部门名称 | 部门属性 |
|---|---|---|
| 1 | 综合部 | 管理 |
| 2 | 财务部 | 管理 |
| 3 | 市场部 | 购销 |
| 301 | 采购部 | 采购 |
| 302 | 销售部 | 销售 |
| 4 | 加工车间 | 生产 |

1. 操作要求：点击"基础设置—机构设置—部门档案"。

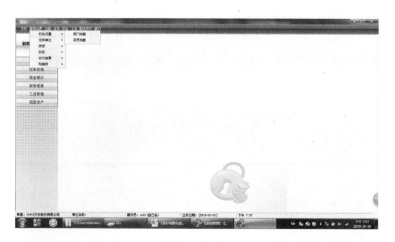

2. 输入部门信息。

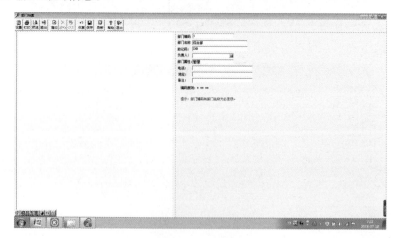

3. 操作要求：点击"保存"按钮。

4. 输入其他内容依此类推，操作过程（省略）。

5. 输入完成后：点击"退出"按钮。

（二）职员档案

根据下面表格内容进行操作。

| 编号 | 姓名 | 部门 | 职员属性 |
|------|------|------|----------|
| 001 | 李建生 | 综合部 | 管理 |
| 002 | 姜明 | 综合部 | 管理 |
| 003 | 自己名 | 财务部 | 财务 |
| 004 | 孙明 | 财务部 | 财务 |
| 005 | 张玲 | 财务部 | 财务 |
| 006 | 王华 | 采购部 | 采购管理 |
| 007 | 楼云 | 销售部 | 销售管理 |
| 008 | 王海 | 加工车间 | 生产 |

1.操作要求：点击"基础设置—机构设置—职员档案"。

2.输入职员信息。

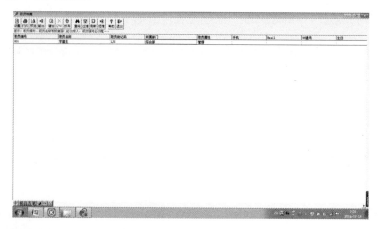

3.操作要求：点击"增加"按钮。

输入其他内容依此类推，操作过程（省略）。

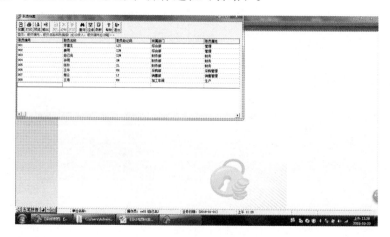

4. 输入完成后，点击"退出"按钮，提示是否保存当前记录的修改，点击"是（Y）"按钮。

（三）客户分类

根据下面表格内容进行操作。

| 部门编码 | 部门名称 |
|---|---|
| 1 | 本地客户 |
| 2 | 外地客户 |

1. 操作要求：点击"基础设置—往来单位—客户分类"。

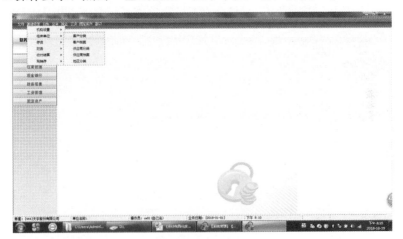

2. 输入客户分类内容，点击"保存"按钮。

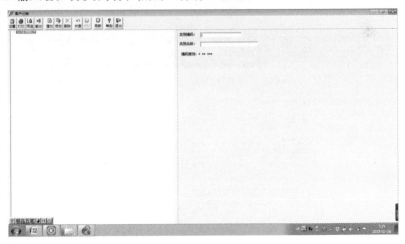

输入其他内容依此类推，操作过程（省略）。

3. 输入完成后，点击"退出"按钮。

（四）客户档案

根据下面表格内容进行操作。

| 客户编码 | 客户简称 | 所属分类 |
|---|---|---|
| 01 | 安凯股份公司 | 本地客户 |
| 02 | 浩华股份 | 本地客户 |
| 03 | 伊工公司 | 外地客户 |
| 04 | 郴州兵工集团 | 外地客户 |

1.操作要求：点击"基础设置—往来单位—客户档案"。

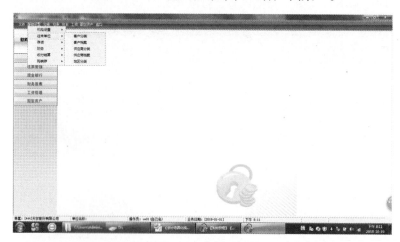

2.输入客户档案内容（按照客户分类进行），点击"增加"按钮，点击"保存"按钮。

输入其他内容依此类推，操作过程（省略）。

3. 输入完成后，点击"退出"按钮。

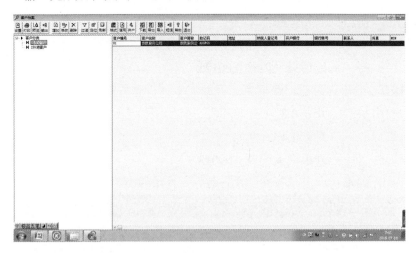

4. 操作要求：点击"退出"按钮。

（五）供应商分类

根据下面表格内容进行操作。

| 部门编码 | 部门名称 |
|---|---|
| 01 | 本地供应商 |
| 02 | 外地供应商 |

操作要求：按照客户分类操作过程进行（省略）。

（六）供应商档案

根据下面表格内容进行操作。

| 供应商编码 | 供应商简称 | 所属分类 |
|---|---|---|
| 01 | 兴业公司 | 本地供应商 |
| 02 | 凯莱公司 | 外地供应商 |

操作要求：按照客户档案操作过程进行（省略）。

（七）地区分类

根据下面表格内容进行操作。

| 地区编码 | 地区名称 |
|---|---|
| 01 | 本地 |
| 02 | 外地 |

操作要求：按照客户分类操作过程进行（省略）。

（八）外币设置

USD　美元　月初记账汇率 7.6

月末汇率（即调整汇率）7.625

外币最大误差 0.00125

HKD　港币　月初记账汇率（浮动汇率　折算方式：外币 / 汇率 = 本位币）0.8

月末汇率 0.7654

外币最大误差 0.00013

1. 操作要求：点击"基础设置—财务—外币种类"。

2. 输入外币信息，点击"确认"按钮。

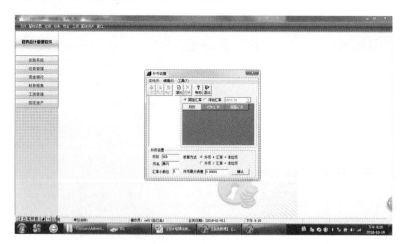

3.输入其他内容，点击"确认"按钮。

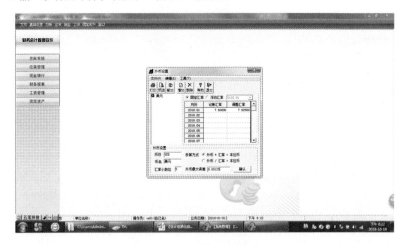

4.操作要求：点击"增加"按钮，继续输入其他外币（操作过程省略）。

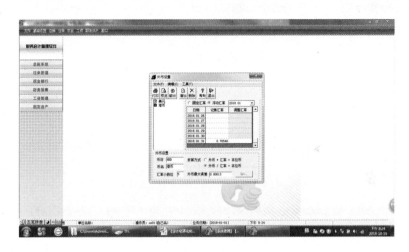

5.操作要求：点击"退出"按钮。

## 任务二　账务系统初始化——会计科目

### 一、指定科目

现金总账科目：库存现金 1001

银行总账科目：银行存款 1002

1. 操作要求：点击"基础设置—财务—会计科目"。

2. 操作要求：点击"编辑—指定科目"。

3. 操作要求：现金总账科目用"库存现金"科目，点击"＞"按钮，待选科目栏"库存现金"到已选科目栏。

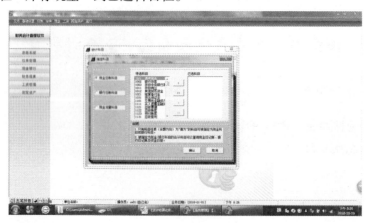

4. 操作要求：银行总账科目用"银行存款"科目，点击"＞"按钮，待选科目栏"银行存款"到已选科目栏。

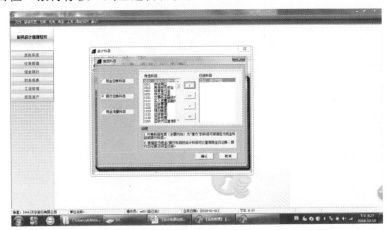

5. 操作要求：点击"确认"按钮。

## 二、增加会计科目或修改会计科目

根据下面表格内容进行操作。

| 科目编码 | 科目名称 | 辅助账类型 |
| --- | --- | --- |
| 1001 | 库存现金 | |
| 1002 | 银行存款 | |
| 100201 | 工行存款 | 日记账、银行账 |
| 100202 | 中行存款 | 日记账、银行账 |
| 10020201 | 美元 | 日记账、银行账 |
| 10020202 | 港币 | 日记账、银行账 |
| 1121 | 应收票据 | 客户往来、受控系统：无 |
| 1122 | 应收账款 | 客户往来、受控系统：无 |
| 1123 | 预付账款 | 供应商往来、受控系统：无 |
| 1221 | 其他应收款 | |
| 122101 | 职工借款 | 个人往来 |
| 1231 | 坏账准备 | |
| 123101 | 应收账款坏账准备 | |
| 123102 | 其他应收款坏账准备 | |
| 1403 | 原材料 | |
| 140301 | A材料 | 数量／吨 |
| 1511 | 长期股权投资 | |
| 151101 | 其他股权投资 | |
| 1605 | 工程物资 | 项目核算 |
| 1901 | 待处理财产损溢 | |
| 190101 | 待处理固定资产损溢 | |

73

续表

| 科目编码 | 科目名称 | 辅助账类型 |
|---|---|---|
| 190102 | 待处理流动资产损溢 | |
| 2201 | 应付票据 | 供应商往来、受控系统：无 |
| 2202 | 应付账款 | 供应商往来、受控系统：无 |
| 2211 | 应付职工薪酬 | |
| 221101 | 工资 | |
| 221102 | 福利费 | |
| 2221 | 应交税费 | |
| 222101 | 应交增值税 | |
| 22210101 | 销项税额 | |
| 22210102 | 进项税额 | |
| 22210103 | 转出未交增值税 | |
| 222102 | 未交增值税 | |
| 4104 | 利润分配 | |
| 410404 | 未分配利润 | |
| 5001 | 生产成本 | |
| 500101 | 制造费用 | |
| 5101 | 制造费用 | |
| 510101 | 折旧费 | |
| 510102 | 工资 | |
| 510103 | 福利费 | |
| 6601 | 销售费用 | |
| 660101 | 工资 | |
| 660102 | 福利费 | |
| 660103 | 折旧费 | |
| 660104 | 修理费 | |
| 660105 | 广告费 | |
| 6602 | 管理费用 | |
| 660201 | 办公费 | 部门核算 |
| 660202 | 差旅费 | 部门核算 |
| 660203 | 工资 | 部门核算 |
| 660204 | 折旧费 | 部门核算 |
| 660205 | 福利费 | 部门核算 |
| 660206 | 其他 | |
| 6603 | 财务费用 | |
| 660303 | 利息支出 | |
| 6701 | 资产减值损失 | |
| 670101 | 固定资产减值损失 | |
| 670102 | 流动资产减值损失 | |

1. 操作要求：点击"基础设置—财务—会计科目"。

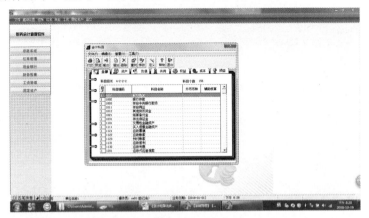

2. 操作要求：点击"增加"按钮，点击"确定"按钮。

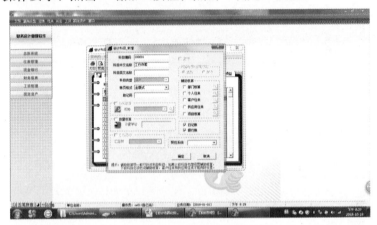

3. 输入其他科目内容，所有内容输入完成后，点击"取消"按钮，再点击"退出"按钮。

修改、删除会计科目，操作过程（省略）。

## 任务三  账务系统初始化——相关设置

### 一、凭证类别设置

根据下面表格内容进行操作。

| 类别名称 | 限制类型 | 限制科目 |
|---|---|---|
| 收款凭证 | 借方必有 | 1001，100201，10020201，10020202 |
| 付款凭证 | 贷方必有 | 1001，100201，10020201，10020202 |
| 转账凭证 | 凭证必无 | 1001，100201，10020201，10020202 |

1.操作要求：点击"基础设置—财务—凭证类别"。

2.操作要求：选择"分类方式"下的"收款凭证、付款凭证、转账凭证"，点击"确定"按钮。

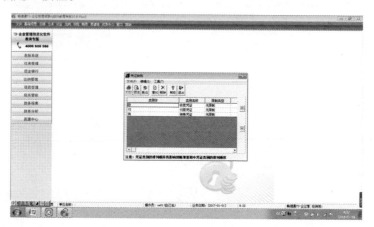

3.操作要求：选择"限制类型"，输入或选择"限制科目"。

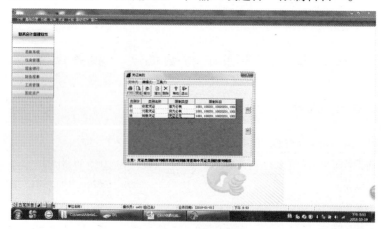

4.操作要求：点出"退出"按钮。

## 二、结算方式设置

根据下面表格内容进行操作。

| 编码 | 名称 |
| --- | --- |
| 1 | 现金 |
| 2 | 支票 |
| 201 | 现金支票 |
| 202 | 转账支票 |
| 3 | 商业汇票 |
| 301 | 商业承兑汇票 |

1.操作要求：点击"基础设置—收付结算—结算方式"。

2.输入结算方式内容。

3. 操作要求：点击"保存"按钮。

输入其他结算方式，依此类推。

4. 操作要求：点出"退出"按钮。

## 三、付款条件设置

编号 001　3/10，2/20，N/30

1. 操作要求：点击"基础设置—收付结算—付款条件"。

2. 输入付款条件内容，点击"保存"按钮。

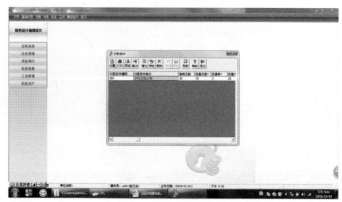

3. 操作要求：点击"退出"按钮。

## 四、项目设置

根据下面表格内容进行操作。

| 项目大类 | D 工程 | | | |
|---|---|---|---|---|
| 核算会计科目 | 工程物资 | | | |
| 项目分类 | 办公楼 | | 商务楼 | |
| 项目目录 | 董事办公室 | 综合办公室 | | |

1. 操作要求：点击"基础设置—财务—项目目录"。

2. 操作要求：点击"增加"按钮。

3. 输入项目大类, 点击 "下一步" 按钮。

4. 操作要求: 点击 "下一步" 按钮。

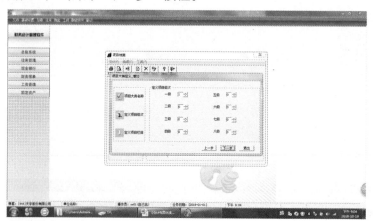

5. 操作要求: 点击 "完成" 按钮。

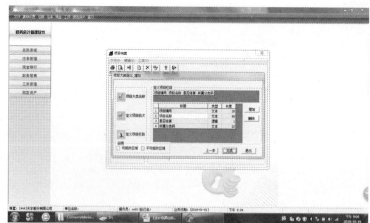

6. 操作要求：把待选科目"工程物资"移到已选科目。

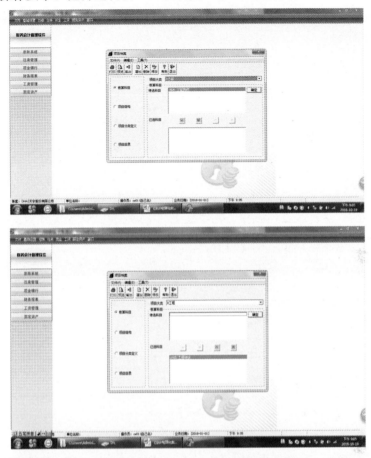

7. 操作要求：点击"确定"按钮，点击"确定"按钮。

8. 操作要求：点击"项目分类定义"，并输入内容，点击"确定"按钮。

9. 操作要求：点击"项目目录"。

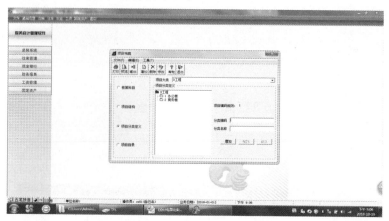

10. 操作要求：点击"维护"按钮。

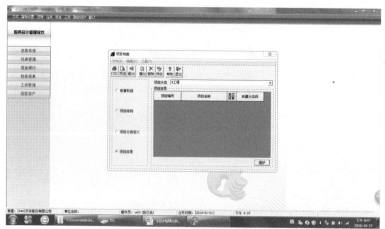

11. 操作要求：点击"增加"按钮。

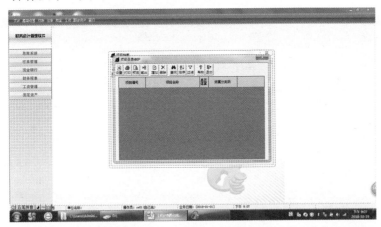

12. 操作要求：输入相应内容后，点击"退出"按钮，再点击"退出"按钮。

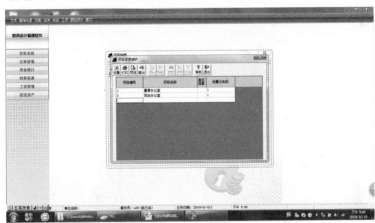

## 任务四　账务系统初始化——期初余额

根据下面表格内容进行操作。

| 科目 | 方向 | 金额 | 科目 | 方向 | 金额 |
|---|---|---|---|---|---|
| 库存现金 | 借 | 113000 | 累计折旧 | 贷 | 65260 |
| 工行存款 | 借 | 196000 | 短期借款 | 贷 | 59000 |
| 职工借款——王华<br>（注：2017年12月10日借款） | 借 | 10000 | 实收资本 | 贷 | 920000 |
| 库存商品 | 借 | 60000 | 未分配利润 | 贷 | 204740 |
| 固定资产 | 借 | 870000 | | | |

1.操作要求：点击"总账—设置—期初余额"。

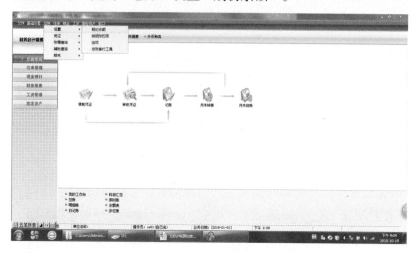

2.输入会计科目所对应的余额。

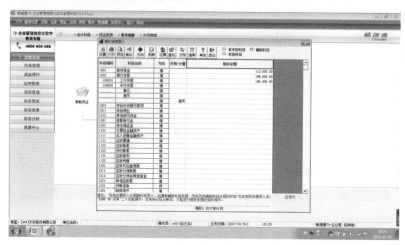

3.操作要求：点击"对账—试算—退出"。

# 任务五　账务系统初始化——参数设置

控制参数设置要求：

①制单不序时控制。

②不允许修改、作废他人填制的凭证。

③出纳凭证必须经由出纳签字。

1.操作要求：点击"总账—设置—选项"。

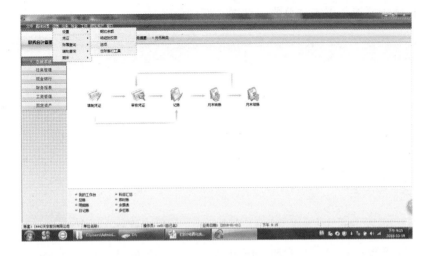

2. 操作要求：点击"□"选项。

3. 操作要求：点击"确定"按钮，再点击"确定"按钮。

# 任务六　账务系统初始化——常用摘要及凭证设置

## 一、常用摘要设置

① 01　材料采购

② 02　从工行提取现金

③ 03　预借差旅费

④ 04　发工资

1.操作要求：点击"总账—凭证—常用摘要"。

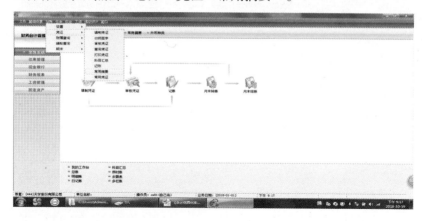

2.操作要求：点击"增加"按钮。

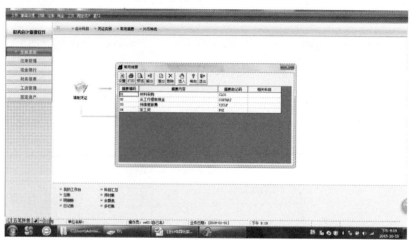

3.操作要求：点击"退出"按钮。

## 二、常用凭证设置

根据下面表格内容进行操作。

简单表示

| 编码 | 摘要 | 凭证类别 | 附单据数 |
|------|------|----------|----------|
| 01 | 从工行提取现金 | 付款 | 1 |

详细表示

| 摘要 | 科目编码 |
|------|----------|
| 从工行提取现金 | 1001 |
| 从工行提取现金 | 100201 |

1. 操作要求：点击"总账—凭证—常用凭证"。

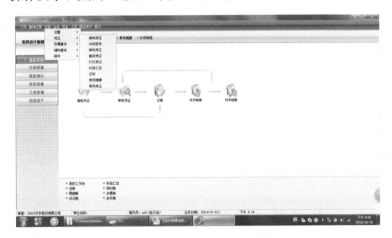

2. 操作要求：点击"增加"按钮。

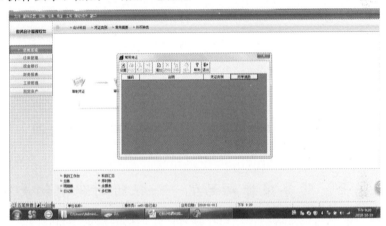

3. 操作要求：输入内容。

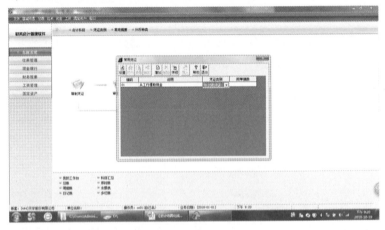

4. 操作要求：点击"详细"选项。

5.操作要求：点击"增加"按钮。

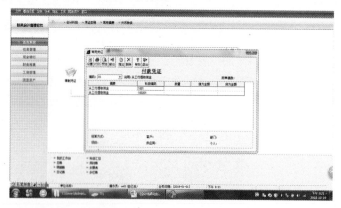

6.操作要求：点击"退出"按钮，再点击"退出"按钮。

## 任务七　账务系统初始化——银行对账期初录入

银行对账期初录入数据：银行存款日记账期初余额为196000元，银行对账单期初余额为200000元，有银行已收而企业未收的4000元。

1.操作要求：点击"现金银行"选项。

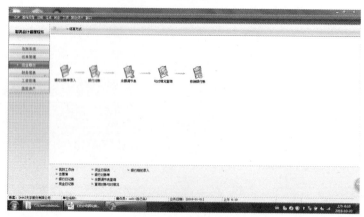

2. 操作要求：点击下方"我的工作台"选项。

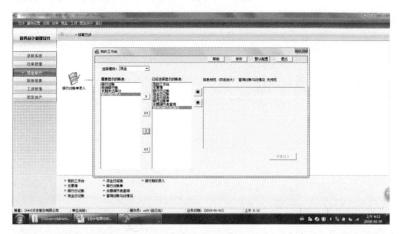

3. 选择"银行期初录入"，点击">"按钮。

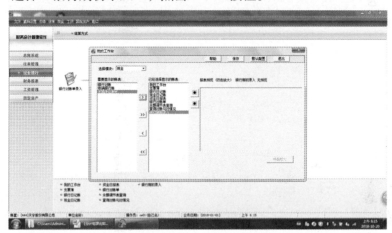

4. 操作要求：点击"保存"按钮，点击"退出"按钮。

5. 操作要求：点击下方"银行期初录入"选项，点击"确定"按钮。

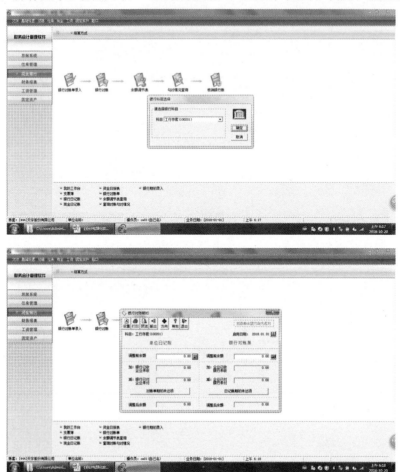

6. 输入银行对账款期初录入数据。

7. 操作要求：点击"对账单期初未达项"。

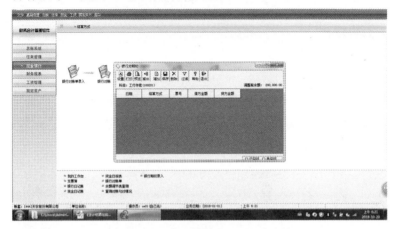

8. 操作要求：点击"增加"输入数据。

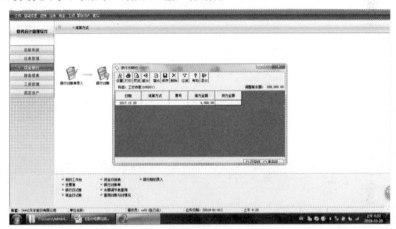

9. 操作要求：点击"保存"按钮，再点击"退出"按钮。

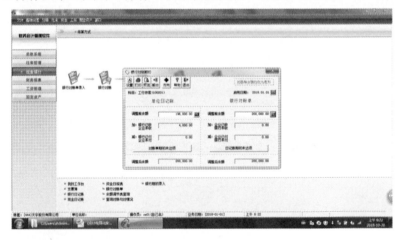

10. 操作要求：点击"退出"按钮。

# 任务八　账务系统初始化——开户行设置

开户行设置：

工商银行南街支行

账号 123456789

1. 操作要求：点击"基础设置—收付结算—开户银行"。

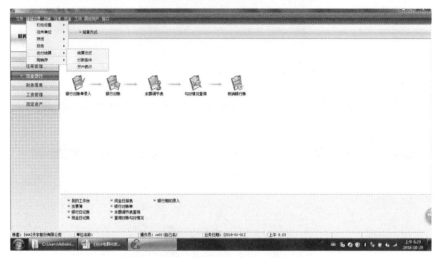

2. 输入开户银行内容，点击"退出"按钮。

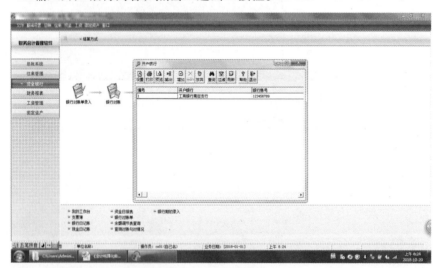

3.操作要求：点击"是（Y）"按钮。

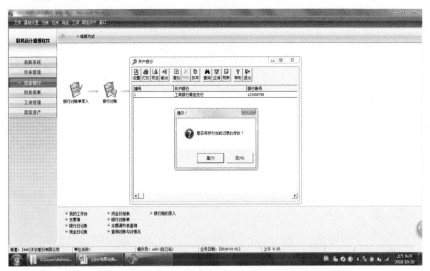

# 项目三　工资管理系统初始化操作过程

## 任务一　工资管理系统初始化——基础设置

操作使用说明：

用户名：cw01；账套：444；操作日期：2018年1月1日。

1. 操作要求：点击"工资"选项。

①工资类别：多个。

②核算：人民币。

2. 操作要求：点击"下一步"按钮。

代扣个人所得税。

3. 操作要求：点击"下一步"按钮。

扣零到元。

4. 操作要求：点击"下一步"按钮。

人员编码长度：3 位。

5. 操作要求：点击"完成"按钮。

6. 操作要求：点击"确定"按钮。

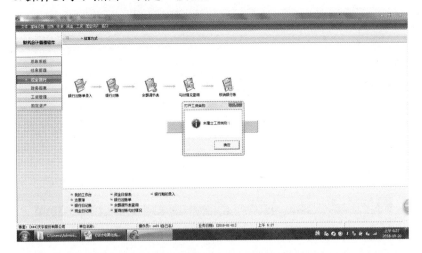

7. 操作要求：点击"确定"按钮。

## 任务二 工资管理系统初始化——工资类别

### 一、增加工资类别

①正式人员（所有部门）。
②临时人员（加工车间）。

1.输入工资类别，点击"下一步"按钮。

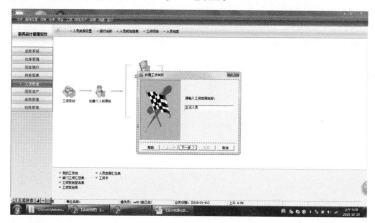

2.操作要求：点击"完成"按钮。

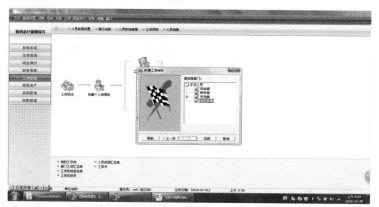

3.操作要求：点击"是（Y）"按钮。

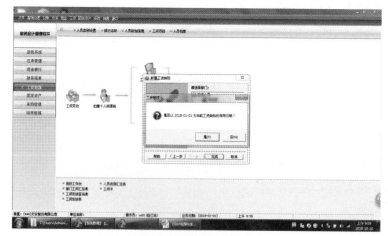

**二、关闭工资类别**

1. 操作要求：点击"工资—工资类别—关闭工资类别"。

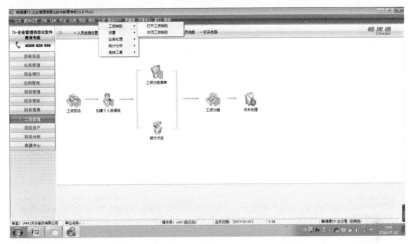

2. 操作要求：点击"工资—工资类别—新建工资类别"，输入下一个工资类别（操作省略）。

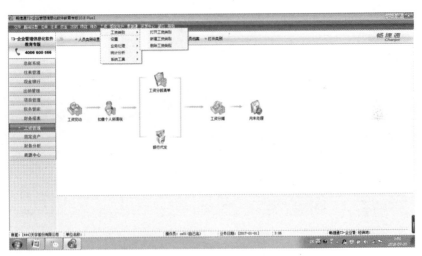

## 任务三  工资管理系统初始化——人员类别

**一、人员附加信息：学历、技术职称**

1. 操作要求：点击"人员附加信息"选项。

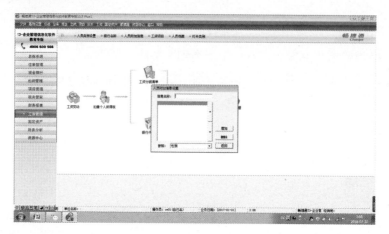

2. 输入或选择人员附加信息，点击"学历"按钮。

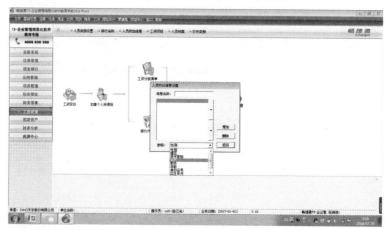

再输入或选择其他人员附加信息（操作省略）。

3. 操作要求：点击"返回"按钮。

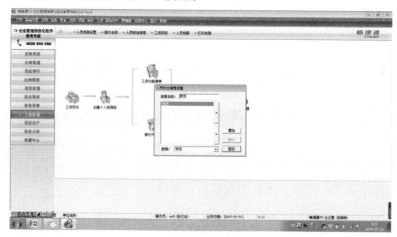

**二、人员类别：企管人员、采购人员、销售人员、生产人员**

1. 操作要求：点击"人员类别设置"选项。

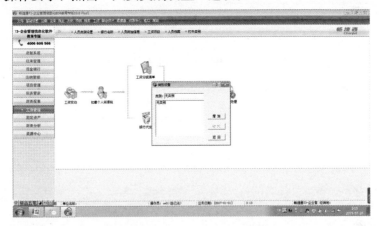

2. 操作要求：输入人员类别。

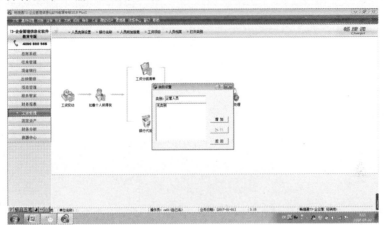

3. 操作要求：点击"增加"按钮。

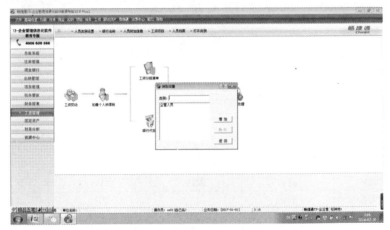

4.操作要求：再输入其他人员类别（省略）。

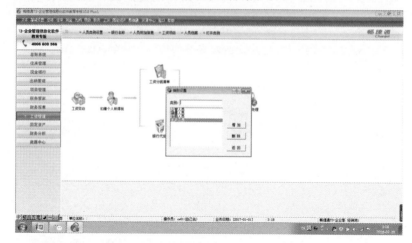

5.操作要求：点击"返回"按钮。

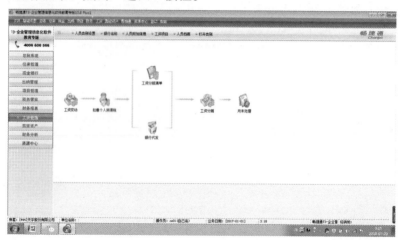

## 任务四　工资管理系统初始化——工资项目

### 一、工资项目

根据下面表格内容进行操作。

| 名称 | 类型 | 长度 | 小数 | 增减项 |
|------|------|------|------|--------|
| 基本工资 | 数字 | 8 | 2 | 增项 |
| 交通补贴 | 数字 | 8 | 2 | 增项 |
| 奖金 | 数字 | 8 | 2 | 增项 |
| 应发合计 | 默认 | 默认 | 默认 | 默认 |
| 缺勤天数 | 数字 | 8 | 2 | 其他 |
| 缺勤扣款 | 数字 | 8 | 2 | 减项 |

续表

| 名称 | 类型 | 长度 | 小数 | 增减项 |
|------|------|------|------|--------|
| 代扣税 | 默认 | 默认 | 默认 | 默认 |
| 扣款合计 | 默认 | 默认 | 默认 | 默认 |
| 本月扣零 | 默认 | 默认 | 默认 | 默认 |
| 上月扣零 | 默认 | 默认 | 默认 | 默认 |
| 实发合计 | 默认 | 默认 | 默认 | 默认 |

1. 操作要求：点击"工资—工资类别—关闭工资类别"。

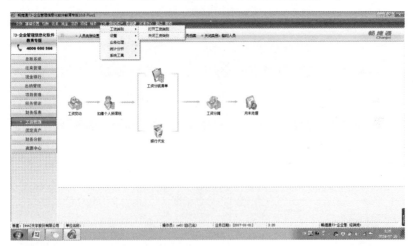

2. 操作要求：点击"工资项目"选项。

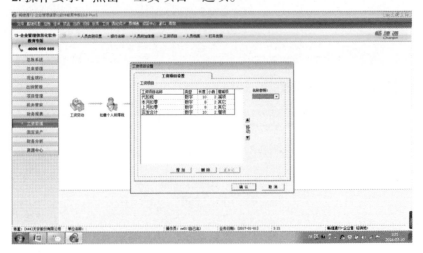

3. 操作要求：点击"增加"按钮。

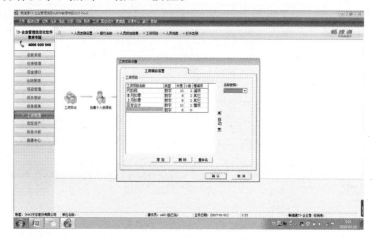

4. 操作要求：输入或选择工资项目，点击"确认"按钮。

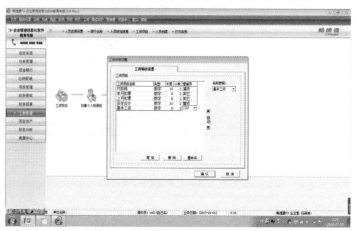

5. 操作要求：点击"确定"按钮。

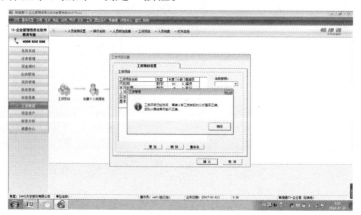

6.操作要求：输入或选择其他工资项目（操作省略）。

## 二、银行名称

工商银行南街支行，账号长度 10 位，自动保留 8 位。

1.操作要求：点击"银行名称"选项。

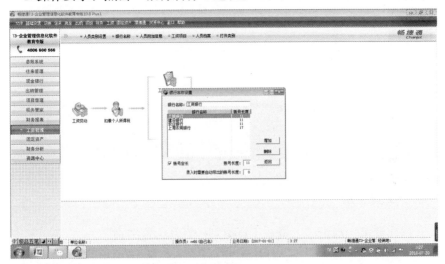

2.输入或修改银行名称，账号长度改为 10 后，回车。

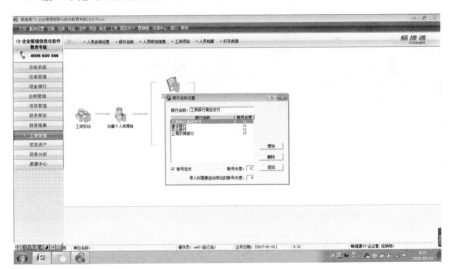

输入：录入时需要自动带出的账号长度。

3. 操作要求：点击"返回"按钮。

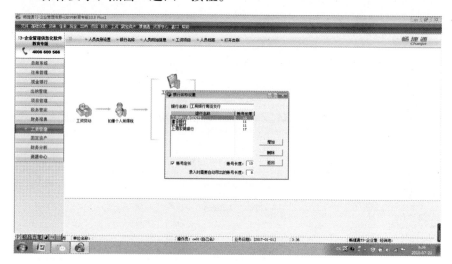

## 三、工资类别

1. 操作要求：点击"工资—工资类别—打开工资类别"。

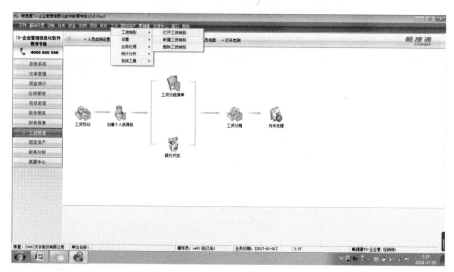

2. 操作要求：点击"确认"按钮。

### 四、按工资类别设置工资项目

根据下面表格内容设置正式人员工资项目。

| 名称 | 类型 | 长度 | 小数 | 增减项 |
|------|------|------|------|--------|
| 基本工资 | 数字 | 8 | 2 | 增项 |
| 交通补贴 | 数字 | 8 | 2 | 增项 |
| 奖金 | 数字 | 8 | 2 | 增项 |
| 应发合计 | 默认 | 默认 | 默认 | 默认 |
| 缺勤天数 | 数字 | 8 | 2 | 其他 |
| 缺勤扣款 | 数字 | 8 | 2 | 减项 |
| 代扣税 | 默认 | 默认 | 默认 | 默认 |
| 扣款合计 | 默认 | 默认 | 默认 | 默认 |
| 本月扣零 | 默认 | 默认 | 默认 | 默认 |
| 上月扣零 | 默认 | 默认 | 默认 | 默认 |
| 实发合计 | 默认 | 默认 | 默认 | 默认 |

1. 操作要求：点击"增加"按钮，选择工资项目。

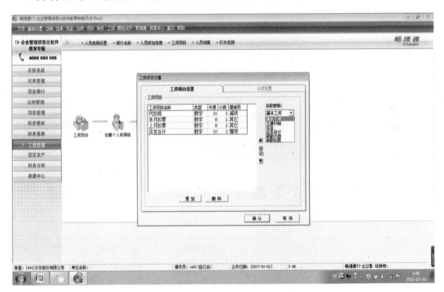

2.操作要求：点击"移动"调整工资项目顺序，点击"确认"按钮。

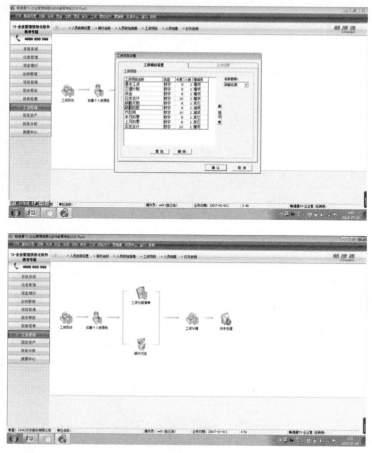

其他工资类别的工资项目（操作省略）。

## 任务五  工资管理系统初始化——人员档案

根据下面表格内容进行操作。

| 编号 | 姓名 | 部门 | 人员类别 | 银行名称 | 银行账号 | 学历 | 技术职称 |
|------|------|------|----------|----------|----------|------|----------|
| 001 | 李建生 | 综合部 | 企管人员 | 工商银行南街支行 | 1160237701 | 大学 | 经济师 |
| 002 | 姜明 | 综合部 | 企管人员 | 工商银行南街支行 | 1160237702 | 大学 | 经济师 |
| 003 | 自己名 | 财务部 | 企管人员 | 工商银行南街支行 | 1160237703 | 大学 | 会计师 |
| 004 | 孙明 | 财务部 | 企管人员 | 工商银行南街支行 | 1160237704 | 大专 | 助会 |
| 005 | 张玲 | 财务部 | 企管人员 | 工商银行南街支行 | 1160237705 | 大专 | 会计员 |
| 006 | 王华 | 采购部 | 采购人员 | 工商银行南街支行 | 1160237706 | 大学 | |
| 007 | 楼云 | 销售部 | 销售人员 | 工商银行南街支行 | 1160237707 | 大专 | |
| 008 | 王海 | 加工车间 | 生产人员 | 工商银行南街支行 | 1160237708 | 大专 | |

1.操作要求：点击"人员档案"按钮。

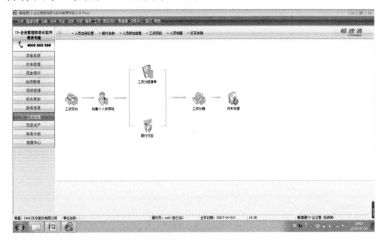

2.操作要求：点击"批增"选项。

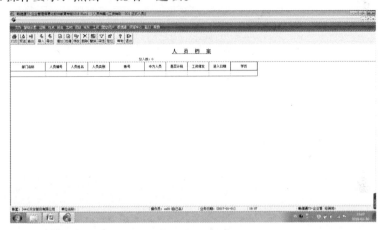

3.操作要求：点击"选择"框。

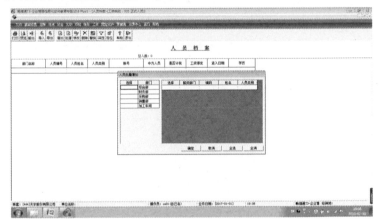

4. 操作要求：点击"确定"按钮。

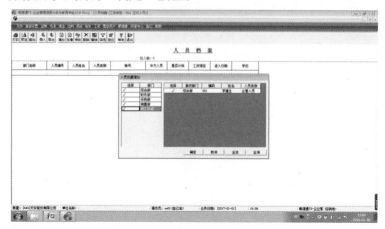

5. 根据正式人员档案，点击"修改"选项，对每个人的"人员类别"等信息进行修改。

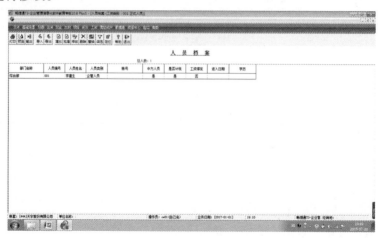

6. 操作要求：点击"确认"按钮。

7.操作要求：点击"确定"按钮。

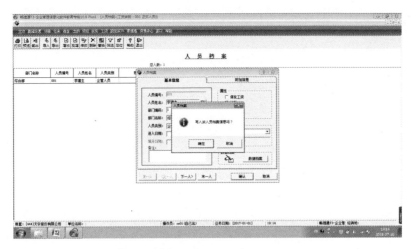

8.操作完成后，点击"取消"按钮，再点击"退出"按钮。

# 任务六　工资管理系统初始化——设置工资计算公式

## 一、设置正式人员工资计算公式

①缺勤扣款：基本工资/22×缺勤天数。

②交通补贴：采购人员或销售人员为500元，其他人员为200元。

③奖金：综合部为1200元，销售部为2000元，采购部为1500元，其他部门为1000元。

1.操作要求：点击"工资项目"选项。

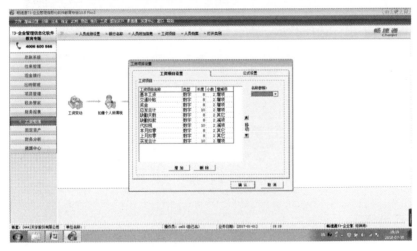

2. 操作要求：点击"公式设置"选项。

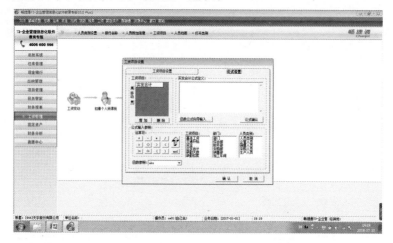

3. 操作要求：点击"工资项目"下的"增加"按钮。

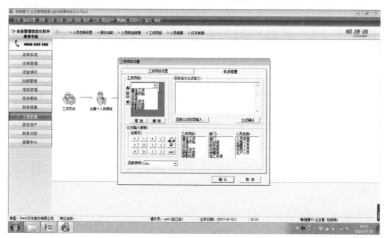

4. 操作要求：选择需要定义的工资项目。

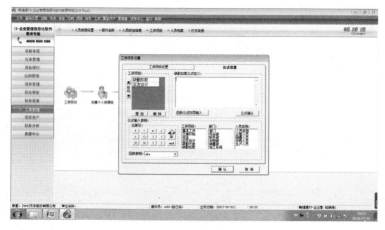

5. 操作要求：点击右侧"公式定义"。

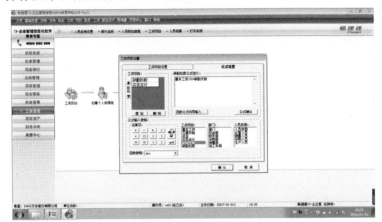

6. 操作要求：点击"公式确认"按键，再点击"确认"按钮。

交通补贴公式定义过程如下所述。

1. 操作要求：点击"下一步"按钮。

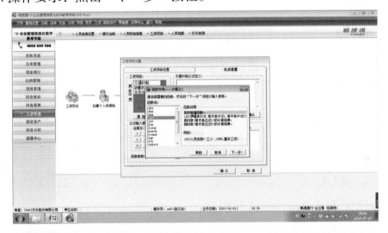

2. 操作要求：点击右侧放大镜按钮。

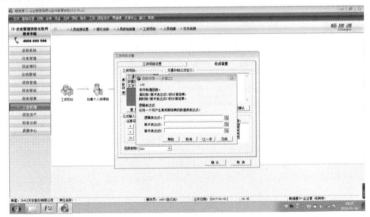

3. 操作要求：点击"参照列表"选择按钮，选择"人员类别"。

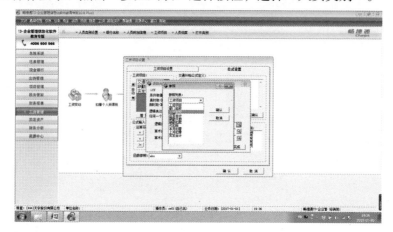

4. 操作要求：点击所需要的人员类别。

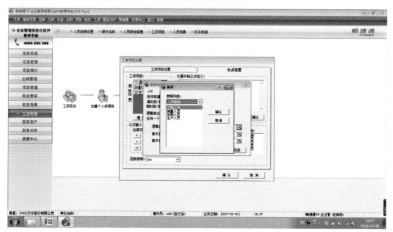

5. 操作要求：点击"完成"按钮。

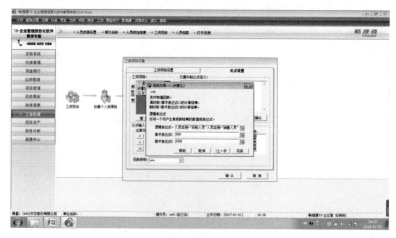

6. 操作要求：修改公式定义。

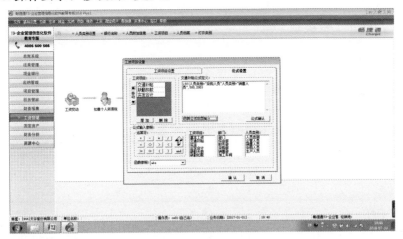

7. 操作要求：点击"向上箭头"按钮，点击"or"按钮。

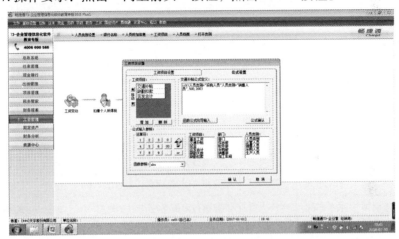

8. 操作要求：点击"公式确认"按钮，再点击"确认"按钮。

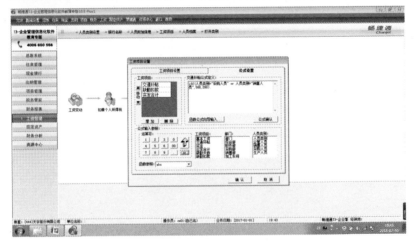

奖金公式定义（操作过程省略）。

## 二、打开工资类别

临时人员（操作过程省略）。

## 三、设置临时人员工资项目

根据下面表格内容进行操作（操作过程省略）。

| 名称 | 类型 | 长度 | 小数 | 增减项 |
|------|------|------|------|--------|
| 基本工资 | 数字 | 8 | 2 | 增项 |
| 应发合计 | 默认 | 默认 | 默认 | 默认 |
| 缺勤天数 | 数字 | 8 | 2 | 其他 |
| 缺勤扣款 | 数字 | 8 | 2 | 减项 |
| 代扣税 | 默认 | 默认 | 默认 | 默认 |
| 扣款合计 | 默认 | 默认 | 默认 | 默认 |
| 本月扣零 | 默认 | 默认 | 默认 | 默认 |
| 上月扣零 | 默认 | 默认 | 默认 | 默认 |
| 实发合计 | 默认 | 默认 | 默认 | 默认 |

## 四、临时人员档案

根据下面表格内容进行操作（操作过程省略）。

| 编号 | 姓名 | 部门 | 人员类别 | 银行名称 | 银行账号 | 学历 | 技术职称 |
|------|------|------|----------|----------|----------|------|----------|
| 009 | 王冠军 | 加工车间 | 生产人员 | 工商银行南街支行 | 1160237709 | 中专 | 高级技师 |
| 010 | 李明国 | 加工车间 | 生产人员 | 工商银行南街支行 | 1160237710 | 中专 | 高级技工 |

## 五、临时人员工资计算公式（操作过程省略）

# 项目四　固定资产系统初始化操作过程

## 任务一　固定资产系统初始化——启用固定资产模块

操作使用说明：

用户名 cw01；账套：444；操作日期：2018 年 1 月 1 日。

①启用：年初 1 月。

②折旧：平均年限法（一）。

③编码方式：2-1-1-2。

④编号：自动编号（类别编码＋序号）。

⑤与总账系统进行对账：固定资产 1601，累计折旧 1602。

1.操作要求：点击"固定资产"选项，点击"是（Y）"按钮。

2.操作要求：点击"我同意"选项。

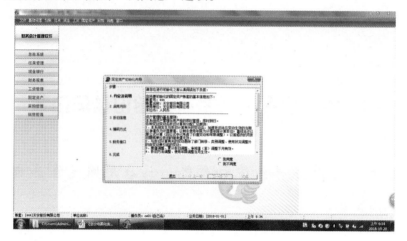

3.操作要求：点击"下一步"按钮。

4.操作要求：点击"下一步"按钮。

5. 操作要求：点击"下一步"按钮。

6. 操作要求：点击"自动编号"，选择"类别编号＋序号"，点击"下一步"按钮。

7. 操作要求：选择"对应科目"，点击"确定"按钮。

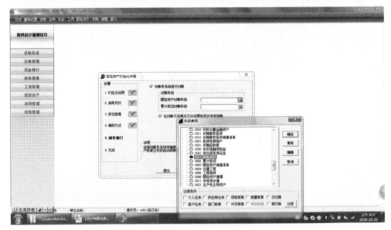

8. 操作要求：点击"下一步"按钮。

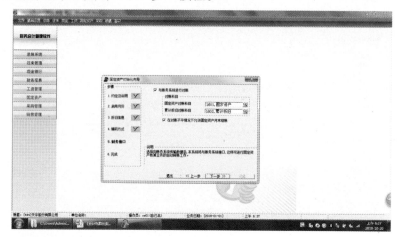

9. 操作要求：点击"完成"按钮。

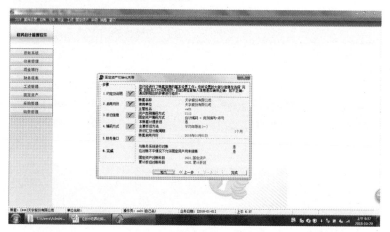

10. 操作要求：点击"是（Y）"按钮。

11. 操作要求：点击"确定"按钮。

## 任务二 固定资产系统初始化——参数设置

业务发生后立即制单。

可纳税调整的增加方式：直接购入、投资者投入。

固定资产缺省入账科目：1601。

累计折旧缺省入账科目：1602。

可抵扣税额入账科目：应交税费——应交增值税——进项税额22210102。

1. 操作要求：点击"固定资产—设置—选项"。

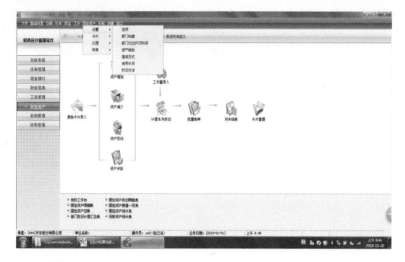

2.操作要求：点击"与账务系统接口"，按要求选择各项内容。

3.操作要求：点击"确定"按钮。

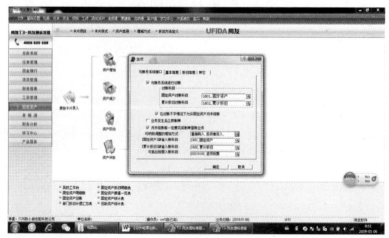

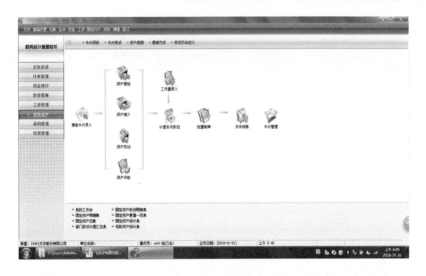

# 任务三　固定资产系统初始化——固定资产类别

根据下面表格内容进行操作。

| 编号 | 名称 | 使用年限 | 净残值率 | 计提 | 折旧方法 | 样式 |
|------|------|----------|----------|------|----------|------|
| 01 | 房屋及建筑物 | | | | 平均年限法一 | 通用样式 |
| 011 | 办公楼 | 30 | 2% | 正常计提 | 平均年限法一 | 通用样式 |
| 012 | 厂房 | 30 | 2% | 正常计提 | 平均年限法一 | 通用样式 |
| 02 | 机械设备 | | | | 平均年限法一 | 通用样式 |
| 021 | 办公设备 | 5 | 3% | 正常计提 | 平均年限法一 | 通用样式 |
| 022 | 生产设备 | 10 | 2% | 正常计提 | 年数总和法 | 通用样式 |

1. 操作要求：点击"资产类别"选项。

2. 操作要求：点击"增加"按钮。

3. 操作要求：点击"保存"按钮。

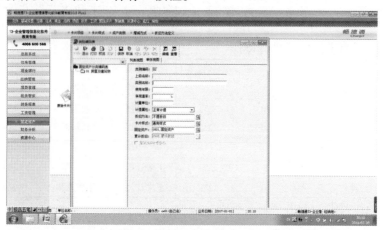

4. 操作要求：点击"退出"按钮，点击"是（Y）"按钮。

其他资产类别（省略）。

# 任务四　固定资产系统初始化——对应科目设置

## 一、部门折旧对应科目

根据下面表格内容进行操作。

| 部门编码 | 对应科目 |
|---|---|
| 综合部 | 管理费用——折旧费 |
| 财务部 | 自己设置 |
| 采购部 | 管理费用——折旧费 |
| 销售部 | 销售费用——折旧费 |
| 加工车间 | 制造费用——折旧费 |

1. 操作要求：点击"固定资产—设置—部门对应折旧科目"。

2. 操作要求：点击"折旧科目"框，再点击"操作"。

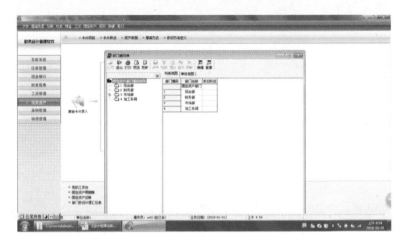

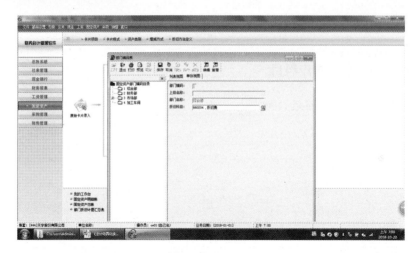

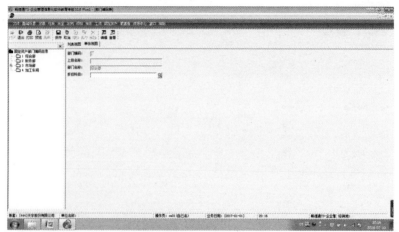

3. 操作要求：选择折旧科目，点击"确定"按钮。

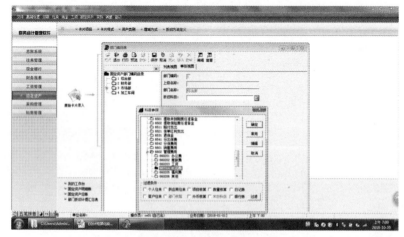

4.操作要求：点击"保存"按钮。

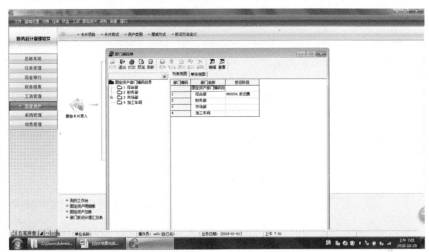

5.操作要求：点击"退出"按钮。

其他资产类别操作（省略）。

## 二、固定资产增减方式对应会计科目

根据下面表格内容进行操作。

| 增加 | 会计科目 | 减少 | 会计科目 |
|------|---------|------|---------|
| 直接购入 | 银行存款——工行存款 | 出售 | 固定资产清理 |
| 投资者投入 | 实收资本 | 投资转出 | 长期股权投资、其他股权投资 |
| 捐赠 | 营业外收入 | 捐赠转出 | 营业外支出 |
| 盘盈 | 以前年度损益调整 | 盘亏 | 待处理固定资产损溢 |
| 在建工程转入 | 在建工程 | 报废 | 固定资产清理 |

1.操作要求：点击"增减方式"选项。

2. 操作要求：点击"对应入账科目"框。

3. 操作要求：点击"操作"按钮。

4. 操作要求：选择"对应入账科目"，点击"确定"按钮。

5. 操作要求：点击"保存"按钮。

6. 操作要求：点击"退出"按钮。

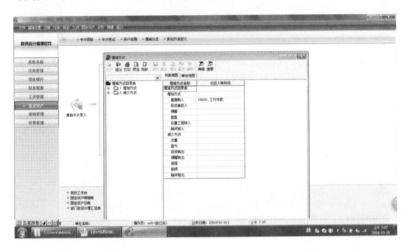

其他对应入账科目操作（省略）。

## 任务五 固定资产系统初始化——原始卡片数据录入

根据下面表格内容进行操作。

| 编号 | 00001 | 00002 | 00003 |
|---|---|---|---|
| 固定资产编号 | 01100001 | 01200001 | 02100001 |
| 固定资产名称 | A 楼 | B 楼 | 计算机 |
| 类别编号 | 011 | 012 | 021 |
| 类别名称 | 办公楼 | 厂房 | 办公设备 |
| 部门名称 | 综合部 | 加工车间 | 财务部 |

续表

| 编号 | 00001 | 00002 | 00003 |
|---|---|---|---|
| 增加方式 | 在建工程转入 | 在建工程转入 | 直接购入 |
| 使用状况 | 在用 | 在用 | 在用 |
| 使用年限 | 30 年 | 30 年 | 5 年 |
| 折旧方法 | 平均年限法 | 平均年限法 | 平均年限法 |
| 开始使用日期 | 2013-01-08 | 2014-01-10 | 2015-06-01 |
| 币种 | 人民币 | 人民币 | 人民币 |
| 原值 | 400000 | 450000 | 20000 |
| 净残值率 | 2% | 2% | 3% |
| 累计折旧 | 37800 | 25515 | 1945 |
| 对应折旧科目 | 管理费用——折旧费 | 制造费用——折旧费 | 管理费用——折旧费 |

1. 操作要求：点击"原始卡片录入"图标。

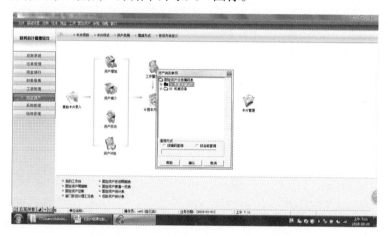

2. 操作要求：选择资产类别参照，点击"确认"按钮。

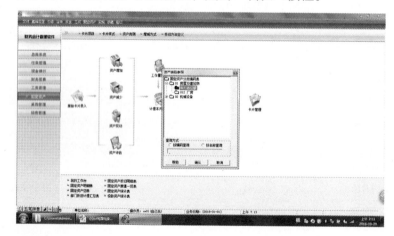

3.操作要求：按要求输入各项内容，点击"保存"按钮。

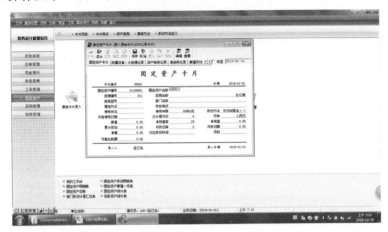

4.操作要求：点击"确定"按钮，点击"退出按钮"，点击"否"按钮。

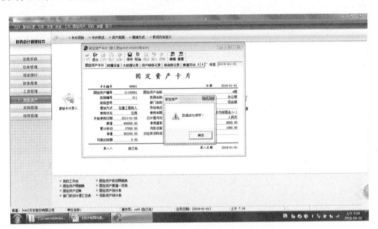

# 项目五 日常工作处理操作过程

## 任务一 总账系统会计凭证处理

### 一、填制凭证

（一）操作使用说明

用户名：cw01；账套：444；操作日期：2018 年 1 月 3 日。

要求：3 日，以综合部现金支付办公费 800 元（付 1 摘要：支付综合部办公费）。

1.操作要求：点击"总账—填制凭证"。

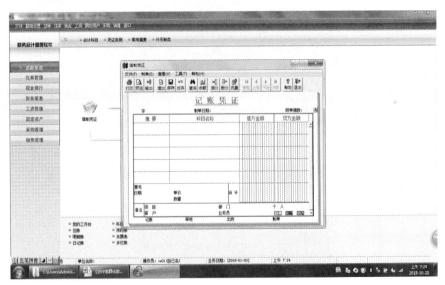

2.操作要求：点击"增加"按钮，输入凭证各项内容。

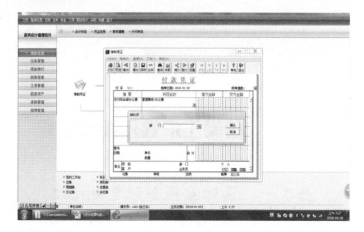

3. 操作要求：选择部门，点击"确认"按钮。

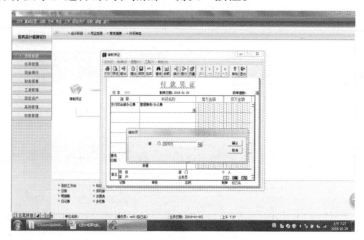

4. 操作要求：点击"增加"或"保存"按钮，录入完成后，点出"退出"按钮。

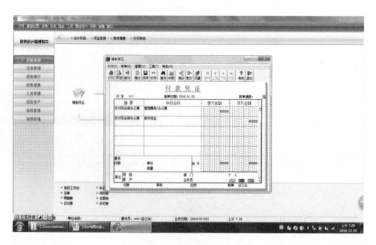

以下操作过程省略。

（二）操作使用说明

用户名：cw01；账套：444；操作日期：2018年1月8日。

要求：8日，以工行存款（转账支票005）3200元支付销售部修理费（付2 摘要：支付销售部修理费）。

（三）操作使用说明

用户名：cw01；账套：444；操作日期：2018年1月12日。

要求：12日，销售给安凯股份公司商品一批，货款600000元，税款102000元，价税款尚未收到（转1 摘要：销售商品，款未收）。

（四）操作使用说明

用户名：cw01；账套：444；操作日期：2018年1月18日。

要求：18日，以工行存款3200元（转账支票005）支付销售部修理费（付3 摘要：支付销售部修理费）。

（五）操作使用说明

用户名：cw01；账套：444；操作日期：2018年1月22日。

要求：22日，收到王华偿还借款现金10000元（收1 摘要：收王华还借款）。

（六）操作使用说明

用户名：cw01；账套：444；操作日期：2018年1月24日。

要求：填制常用凭证，24日，从工行提取现金10000元（付4 摘要：提现）。

（七）操作使用说明

用户名：cw01；账套：444；操作日期：2018年1月25日。

要求：25日，收到王华偿还借款现金10000元（收2 摘要：收王华还借款）。

（八）操作使用说明

用户名：cw01；账套：444；操作日期：2018年1月27日。

要求：27日，收到投资款50000美元（收3 摘要：收到投资）。

（九）操作使用说明

用户名：cw01；账套：444；操作日期：2018年1月29日。

要求：29日，用银行存款工行存款支付广告费2000元，适用6%的增值税税率（付5 摘要：支付广告费）。

（十）操作使用说明

用户名：cw01；账套：444；操作日期：2018年1月30日。

要求：30日，企业盘亏原材料A材料，0.5吨，单价500元，原因已查明，属于自然损耗，经批准后，进行处理（转2 摘要：原材料A材料盘亏处理）。

## 二、修改凭证

操作使用说明：

用户名：cw01；账套：444；操作日期：2018年1月31日。

要求：修改付1凭证，经济业务（1）3日，以现金支付办公费800元应为1200元。

1.操作要求：点击"总账系统—填制凭证"。

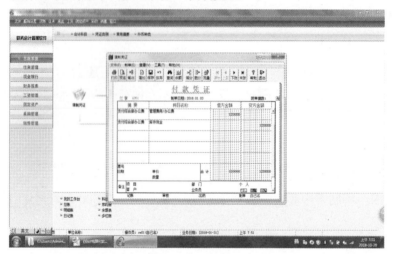

2.操作要求：修改除凭证类别以外的内容，再点击"保存"按钮。

## 三、删除凭证

操作使用说明：

用户名：cw01；账套：444；操作日期：2018年1月31日。

要求：删除收2凭证，经济业务（7）与经济业务（5）重复，应对经济业务（7）凭证作废并进行凭证整理。

1.操作要求：点击"总账系统—填制凭证"。

注意：找到要作废的凭证，再进行"作废"并"凭证整理"。

2. 操作要求：点击"制单—作废/恢复"。

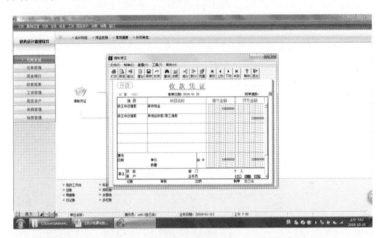

3. 操作要求：点击"制单—整理凭证"。

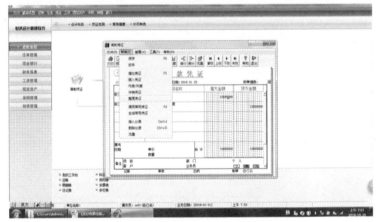

4. 操作要求：点击"确定"按钮。

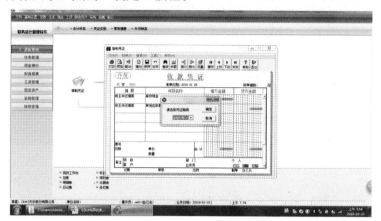

5. 操作要求：点击"全选"按钮，点击"确定"按钮。

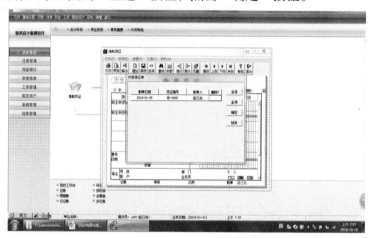

6. 操作要求：点击"是（Y）"按钮，点击"退出"按钮。

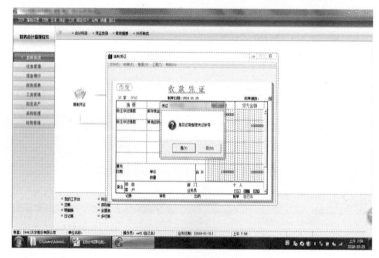

### 四、出纳签字

操作使用说明：

用户名：cw03；账套：444；操作日期：2018 年 1 月 31 日。

要求：出纳签字，收款/付款凭证。

1.操作要求：点击"总账—凭证—出纳签字"。

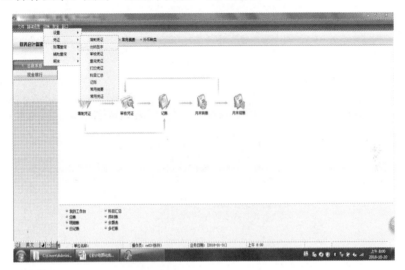

2.操作要求：点击"确认"按钮。

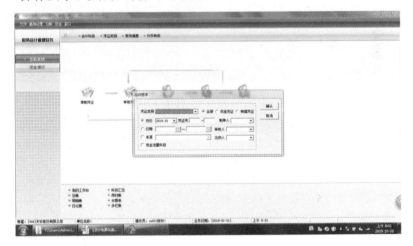

3.操作要求：点击"确定"按钮。

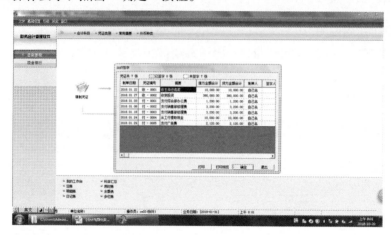

4.操作要求：点击"签字"选项。

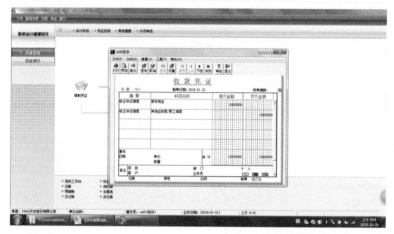

5.操作要求：点击"退出"按钮，再点击"退出"按钮。

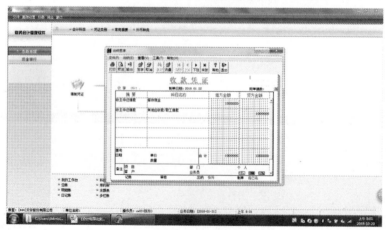

出纳签字后的凭证修改如下所述。

操作使用说明：

用户名：cw01；账套：444；操作日期：2018 年 1 月 31 日。

要求：修改付 2 凭证，经济业务（2）8 日，以工商银行存款 3200 元支付销售部修理费应为 3600 元。

### 五、凭证审核

操作使用说明：

用户名：cw02；账套：444；操作日期：2018 年 1 月 31 日。

要求：凭证审核。

1.操作要求：点击"总账—凭证—审核凭证"。

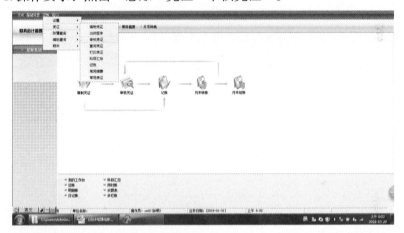

2.操作要求：点击"确认"按钮。

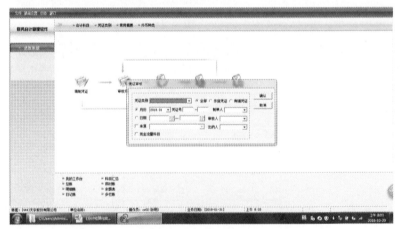

3. 操作要求：点击"确定"按钮。

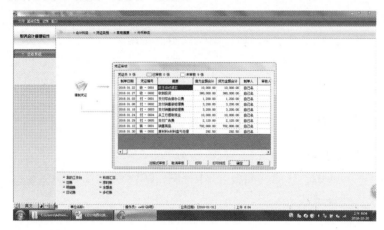

4. 操作要求：点击"审核"按钮。

注意：审核时要求制单人和审核人不能为同一个人。

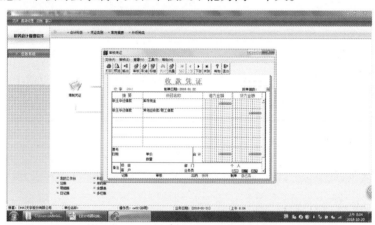

5. 操作要求：点击"退出"按钮，再点击"退出"按钮。

审核的凭证修改如下所述。

注意：先取消审核签字。

操作使用说明：

用户名：cw01；账套：444；操作日期：2018 年 1 月 31 日。

要求：修改付 4 凭证，经济业务（6）24 日，从工行提取现金 10000 元应为 11000 元。

## 六、记账

操作使用说明：

用户名：cw01；账套：444；操作日期：2018 年 1 月 31 日。

要求：记账。

操作要求：点击"总账系统—记账"，点击"全选"，再点击"下一步"按钮，按提示完成操作。

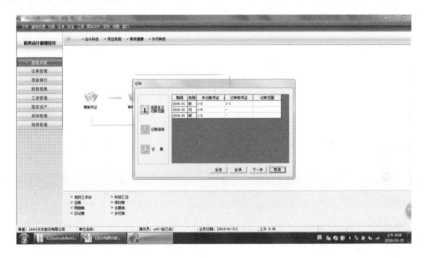

## 七、查看凭证、余额表及各种账簿

操作使用说明：

用户名：cw01；账套：444；操作日期：2018 年 1 月 31 日。

要求：查看所有记账后的凭证，查看余额表和各种账簿。

操作要求：点击"总账—账簿查询"。

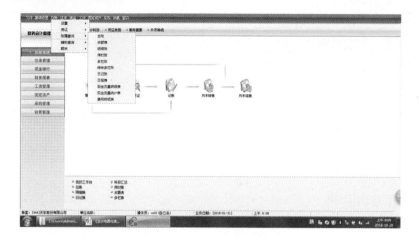

## 任务二　银行对账单录入

操作使用说明：

用户名：cw01；账套：444；操作日期：2018 年 1 月 1 日。

要求：现金银行。

根据下面表格内容进行操作（1 月银行对账单）。

| 日期 | 结算方式 | 票号 | 借方金额 | 贷方金额 | 余额 |
|------|----------|------|----------|----------|------|
| 1 月 18 日 | 转账支票 | 001 | | 3000 | 197000 |
| 1 月 22 日 | 转账支票 | 002 | 6000 | | 203000 |

1. 操作要求：点击"银行对账单录入"图标，点击"确定"按钮。

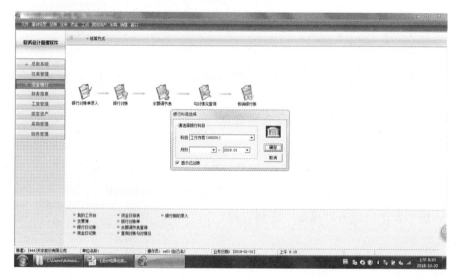

2. 操作要求：根据未达账内容，点击"增加"按钮。

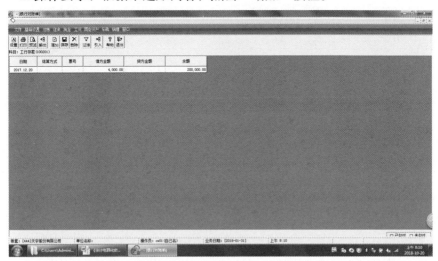

3. 操作要求：点击"保存"按钮，再点击"退出"按钮。

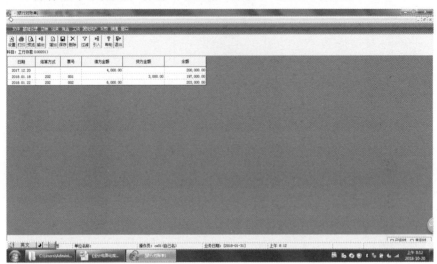

# 任务三　工资管理系统日常工作处理

操作使用说明：

用户名：cw01；账套：444；操作日期：2018 年 1 月 1 日。

要求：进入工资系统。

## 一、正式人员工资数据

根据下面表格内容进行操作。

| 编号 | 姓名 | 基本工资 | 缺勤天数 |
|------|------|----------|----------|
| 001 | 李建生 | 5000 | |
| 002 | 姜明 | 5000 | |
| 003 | 自己名 | 4500 | |
| 004 | 孙明 | 3000 | 2 |
| 005 | 张玲 | 3500 | |
| 006 | 王华 | 2000 | |
| 007 | 楼云 | 2000 | |
| 008 | 王海 | 1500 | |

1. 操作要求：点击"工资—正式人员"，点击"确定"按钮。

2. 操作要求：点击"工资变动"图标。

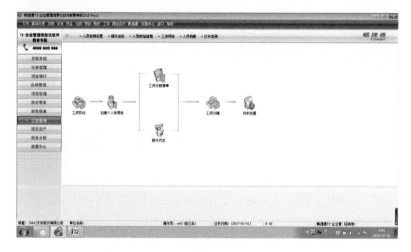

3. 操作要求：输入对应的内容。

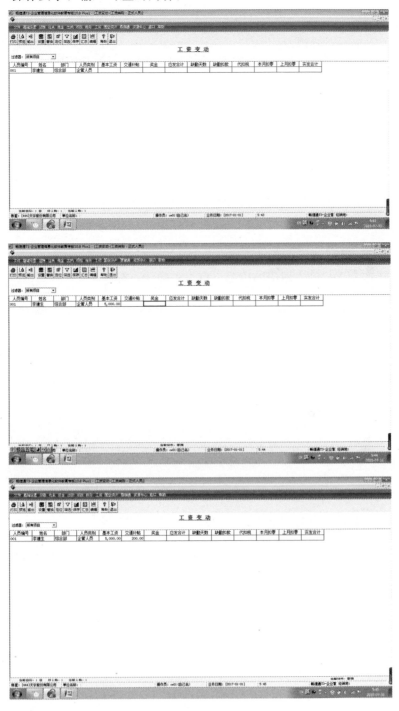

4. 操作要求：点击"保存"按钮。

## 二、正式人员每个人基本工资增加 1000 元

1. 操作要求：点击"工资变动—替换"。

2. 操作要求：输入对应的内容，点击"确认"按钮。

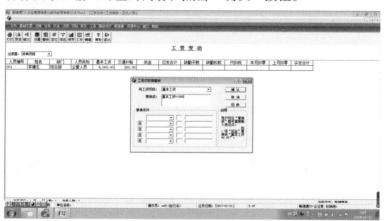

3. 操作要求：点击"是（Y）"按钮。

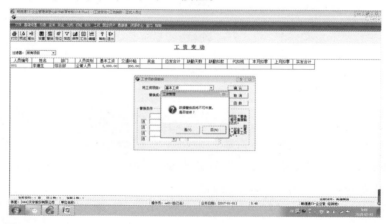

4.操作要求：点击"是（Y）"按钮。

三、因生产人员工作辛苦，经研究决定基本工资增加 650 元

1.操作要求：点击"工资变动—替换"。

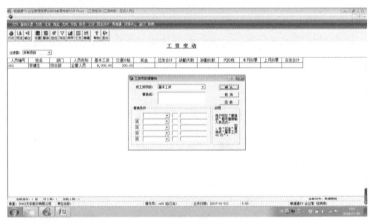

2. 操作要求：输入相应的内容，点击"确认"按钮。

3. 操作要求：点击"是（Y）"按钮。

其他操作过程（省略）。

## 四、正式人员工资超过 3500 元交纳个人所得税

1. 操作要求：点击"扣缴个人所得税"图标。根据需要选择，点击"确认"按钮。

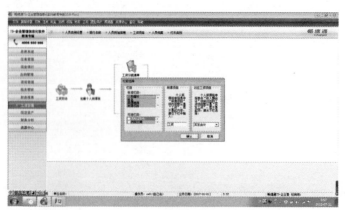

2. 操作要求：点击"税率"选项。

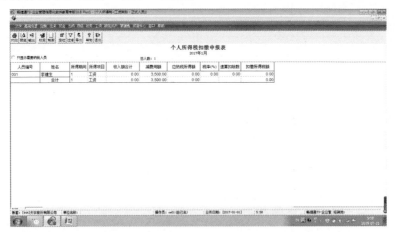

3. 操作要求：根据要求调整相应的内容，点击"确认"按钮。

4. 操作要求：点击"是（Y）"按钮，点击"退出"按钮。

### 五、临时人员工资数据

根据下面表格内容进行操作（操作过程省略）。

| 编号 | 姓名 | 基本工资 | 缺勤天数 |
|------|------|----------|----------|
| 009 | 王冠军 | 4000 | 1 |
| 010 | 李明国 | 3500 | 2 |

### 六、临时人员工资超过 3500 元交纳个人所得税（操作过程省略）

## 任务四　固定资产系统日常工作处理

### 一、资产增加与批量制单

操作使用说明：

用户名：cw01；账套：444；操作日期：2018 年 1 月 20 日。

（一）资产增加

20 日，销售部购入一台计算机，预计使用 5 年，原值 7000 元，净残值率 2%，采用"双倍余额递减法"计提折旧，增值税率 16%。

1.操作要求：点击"资产增加"图标。点击"资产类别参照"，点击"确认"按钮。

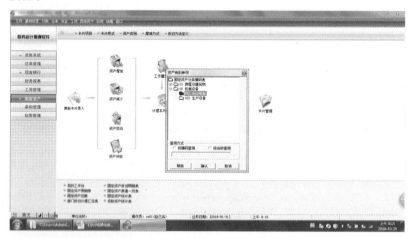

2.操作要求：输入相应的内容。

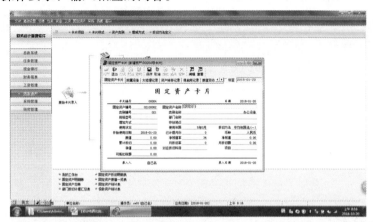

3.操作要求：点击"保存"按钮。

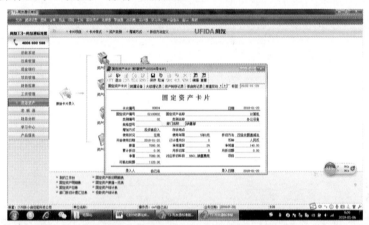

4.操作要求：点击"退出"按钮。

5.操作要求：点击"确定"按钮。

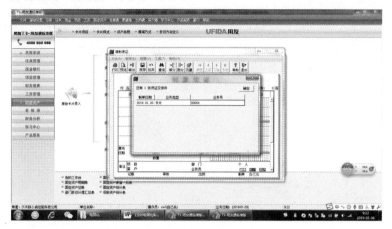

6.操作要求：点击"是（Y）"按钮。

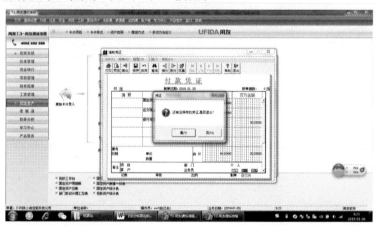

7.操作要求：点击"确定"按钮。

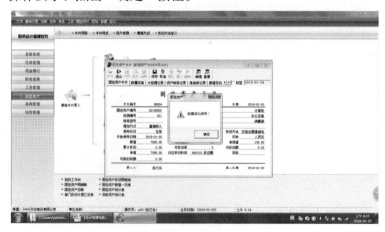

8. 操作要求：点击"退出"按钮。

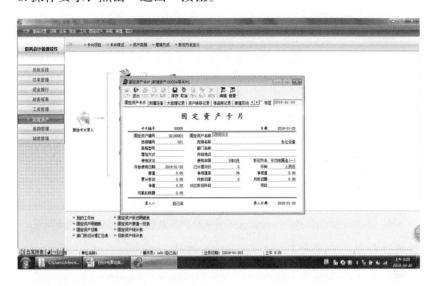

9. 操作要求：点击"否 N"按钮。

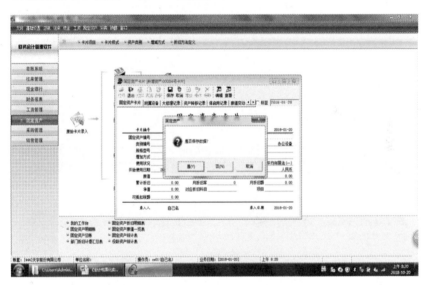

（二）批量制单

（付　摘要：销售部购计算机）

1. 操作要求：点击"批量制单"图标。

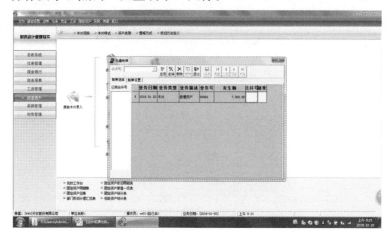

2. 操作要求：双击"制单"框，出现"Y"。

3. 操作要求：点击"制单设置"。

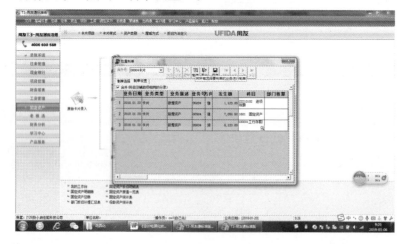

4. 操作要求：点击"制单"选项。

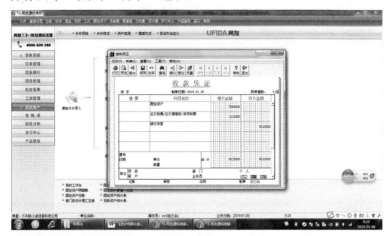

5. 操作要求：根据凭证内容输入。

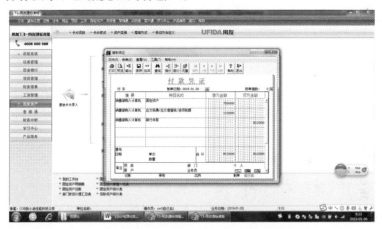

6. 操作要求：点击"保存"按钮，点击"退出"按钮。

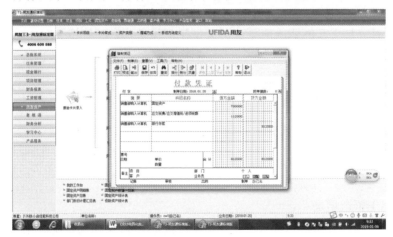

7. 操作要求：点出"退出"按钮。

（三）练习操作使用说明（操作过程省略）

用户名：cw01；账套：444；操作日期：2018 年 1 月 24 日。

要求：

（1）资产增加

24 日，财务部购入一台打印机，预计使用 5 年，含税价格 3480 元，净残值率 2%，采用"双倍余额递减法"计提折旧，增值税率 16%。

（2）批量制单

（付　摘要：财务部购打印机）

（四）练习操作使用说明（操作过程省略）

用户名：cw01；账套：444；操作日期：2018 年 1 月 27 日。

要求：

（1）资产增加

27 日，加工车间购入凯莱公司 L 型生产设备 1 台，价格 30000 元，用银行承兑汇票支付。

（2）批量制单

（转　摘要：购凯莱公司 L 型生产设备）

（五）练习操作使用说明（操作过程省略）

用户名 cw01；账套：444；操作日期：2018 年 1 月 29 日。

要求：

（1）资产增加

29 日，加工车间购入凯莱公司 Y 型生产设备 1 台，价格为 20000 元，款未付。

（2）批量制单

（转　摘要：购凯莱公司 Y 型生产设备）

## 二、查看或修改有关固定资产增加的凭证

（一）操作使用说明

用户名：cw01；账套：444；操作日期：2018 年 1 月 31 日。

要求：查看或修改有关固定资产增加的凭证。

20 日，销售部购入一台计算机，增值税率应为 6%。

1. 操作要求：点击"固定资产—处理—凭证查询"。

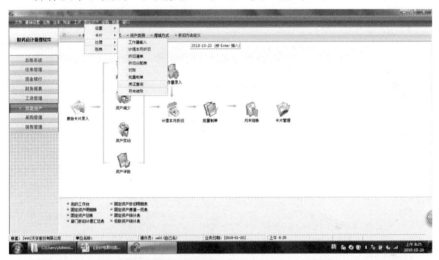

2. 操作要求：点击"编辑"选项。

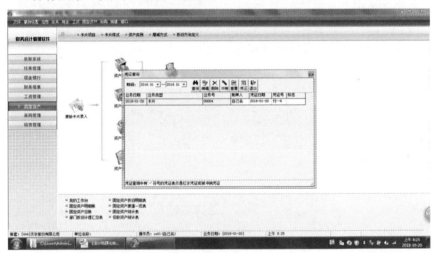

3.操作要求：修改凭证内容，点击"保存"按钮。

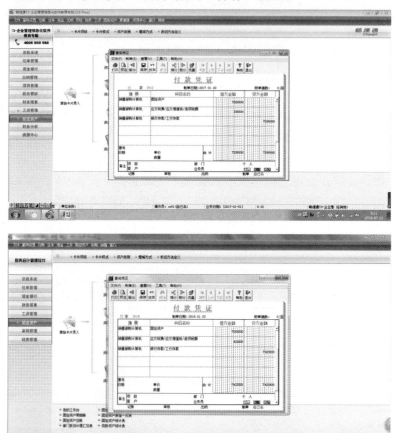

4.操作要求：点击"确定"按钮，点击"退出"按钮，点击"退出"按钮。

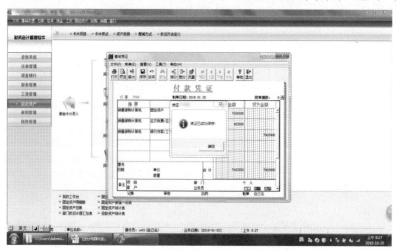

（二）操作使用说明（操作过程省略）

用户名：cw03；账套：444；操作日期：2018 年 1 月 31 日。

要求：出纳签字。

（三）操作使用说明（操作过程省略）

用户名：cw02；账套：444；操作日期：2018 年 1 月 31 日。

要求：审核凭证。

（四）操作使用说明（操作过程省略）

用户名：cw01；账套：444；操作日期：2018 年 1 月 31 日。

要求：记账。

# 项目六　月末工作处理操作过程

## 任务一　固定资产系统月末工作处理

操作使用说明：

用户名：cw01；账套：444；操作日期：2018 年 1 月 31 日。

要求：进入固定资产系统。

月末 B 楼评估，原值 450000 元应为 400000 元，累计折旧 25515 元应为 25000 元，编制凭证并审核记账（转　摘要：对 B 楼进行评估）。

1. 操作要求：点击"资产评估"图标。

2. 操作要求：点击"增加"按钮。

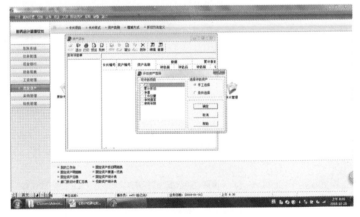

3. 操作要求：选择"可评估项目"，点击"确定"按钮。

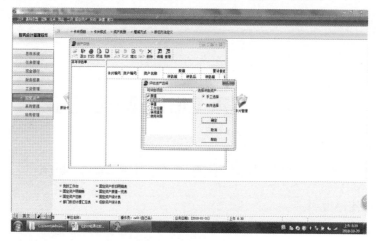

4. 操作要求：根据要求选择相关内容。

5. 操作要求：修改"（A）原值"和"（A）累计折旧"，点击"保存"按钮。

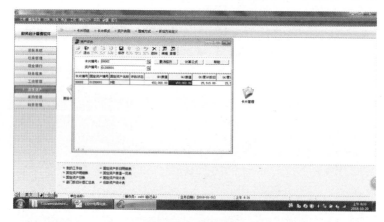

6. 操作要求：输入凭证内所缺的会计科目，点击"保存"按钮，点出"退出"按钮。

月末办公楼 A 楼原值增加 20 000 元，变动原因为改扩建，编制凭证并审核记账（转　摘要：A 楼改扩建）。

1. 操作要求：点击"资产变动"图标。

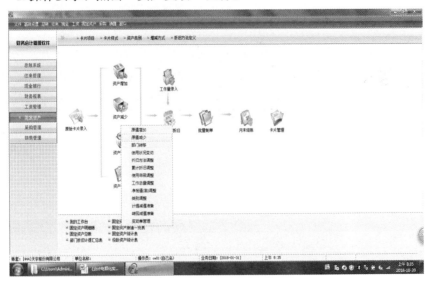

2. 操作要求：点击"原值增加"选项。

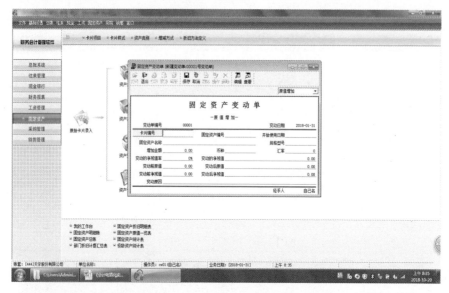

3. 操作要求：输入内容，点击"保存"按钮。

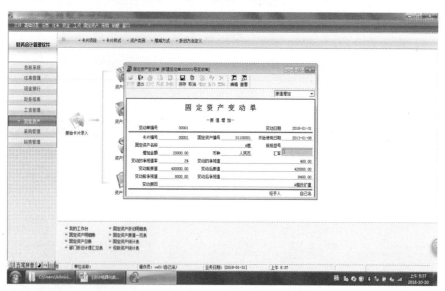

其他操作（省略）。

月末办公楼 A 楼转为厂房做加工车间，变动原因为生产规模扩大。

1. 操作要求：点击"资产变动"图标。

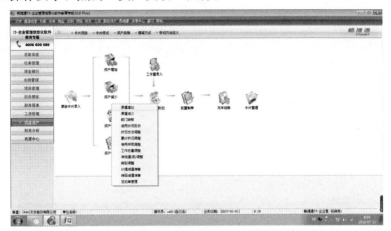

2. 操作要求：点击"部门转移"选项。

3. 操作要求：输入内容，点击"保存"按钮。

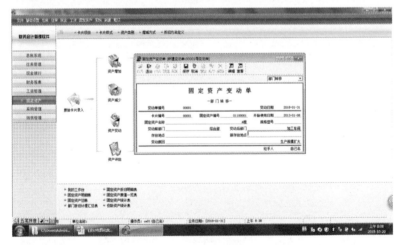

4.操作要求：点击"确定"按钮，点击"退出"按钮。

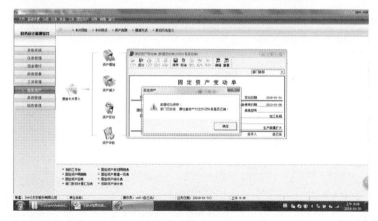

月末计提本月折旧，编制凭证并审核记账（转　摘要：计提固定资产折旧）。

1.操作要求：点击"计提本月折旧"图标，点击"是（Y）"按钮。

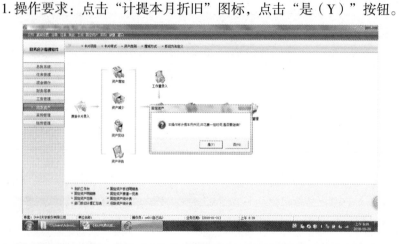

2.操作要求：点击"是（Y）"按钮。

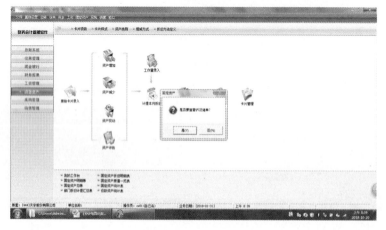

3. 操作要求：点击"退出"按钮。

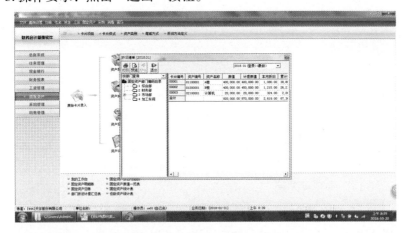

4. 操作要求：点击"凭证"选项。

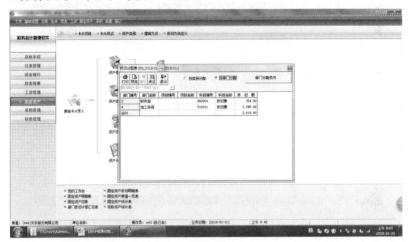

5. 操作要求：修改凭证字为"转"。

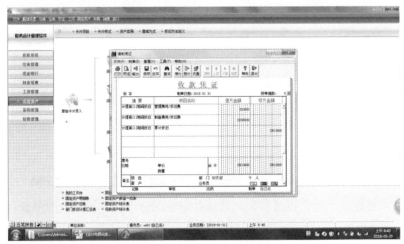

6. 操作要求：点击"保存"按钮（注意制单日期：2018 年 1 月 31 日）。

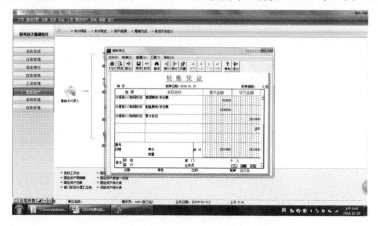

7. 操作要求：点击"退出"按钮，点击"退出"按钮。

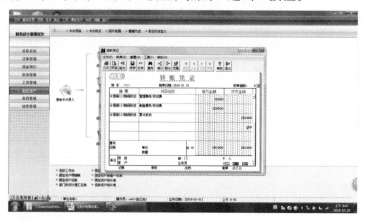

8. 操作要求：点击"确定"按钮。

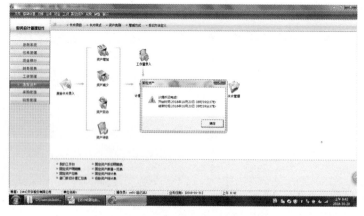

月末财务部计算机报废，编制凭证并审核记账（转　摘要：财务部计算机报废）。

1. 操作要求：点击"资产减少"图标。

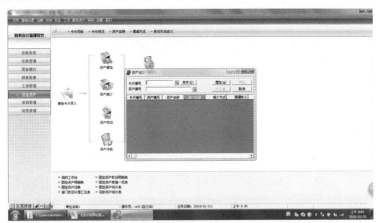

2. 操作要求：选择报废的固定资产。

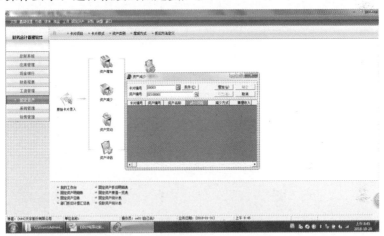

3. 操作要求：点击"增加"按钮。

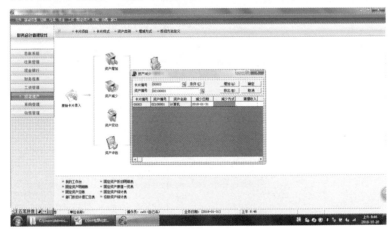

4.操作要求：选择减少方式，点击"确认"按钮。

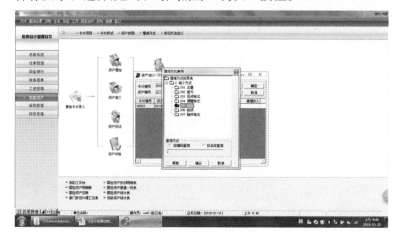

5.操作要求：点击"确定"按钮。

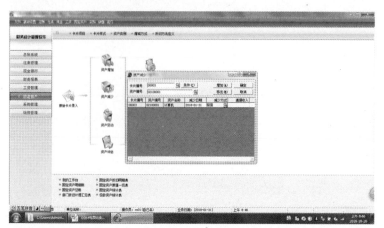

6.操作要求：修改凭证。

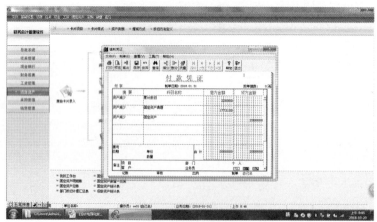

7. 操作要求：点击"保存"按钮。

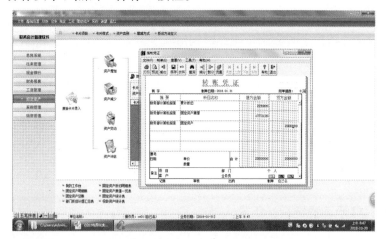

8. 操作要求：点击"退出"

9. 操作要求：点击"确定"按钮。

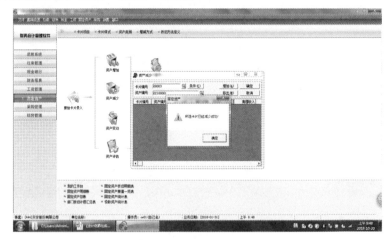

月末本月销售部所购买的计算机转给财务部使用。

注意：当月增加的固定资产，月末部门变动，直接在"卡片管理"中修改，直接修改固定资产卡片数据（操作过程省略）。

## 任务二　工资管理系统月末工作处理

操作使用说明：

用户名：cw01；账套：444；操作日期：2018 年 1 月 31 日。

要求：进入工资系统。

### 一、打开工资类别：正式人员

（一）工资分摊——工资分摊设置

月末正式人员工资分配，编制凭证并审核记账（转　摘要：工资分配）。根据下面表格内容进行操作。

| 计提 | 部门 | 类别 | 项目 | 借方科目 | 贷方科目 |
|------|------|------|------|----------|----------|
| 工资分配 | 综合部 | 企管人员 | 应发合计 | 管理费用——工资 | 应付职工薪酬——工资 |
| 工资分配 | 财务部 | 企管人员 | 应发合计 | 管理费用——工资 | 应付职工薪酬——工资 |
| 工资分配 | 采购部 | 采购人员 | 应发合计 | 管理费用——工资 | 应付职工薪酬——工资 |
| 工资分配 | 销售部 | 销售人员 | 应发合计 | 销售费用——工资 | 应付职工薪酬——工资 |
| 工资分配 | 加工车间 | 生产人员 | 应发合计 | 制造费用——工资 | 应付职工薪酬——工资 |

1. 操作要求：点击"工资管理"选项，选择"正式人员"，点击"确定"按钮。

2. 操作要求：点击"工资分摊"图标。

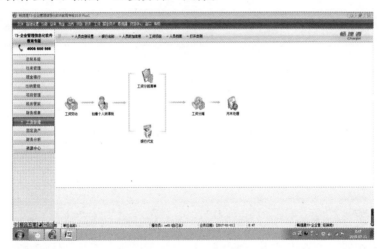

3. 操作要求：点击"工资分摊设置"按钮。

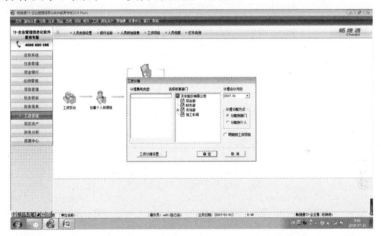

4. 操作要求：点击"增加"按钮。

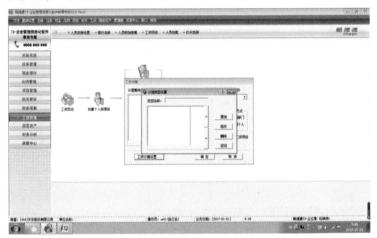

5. 操作要求：输入"工资分配"和"分摊计提比例"。

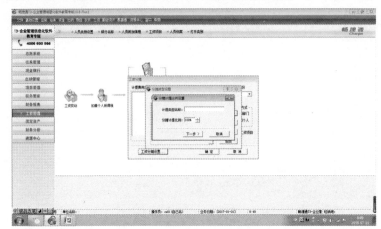

6. 操作要求：点击"下一步"按钮。

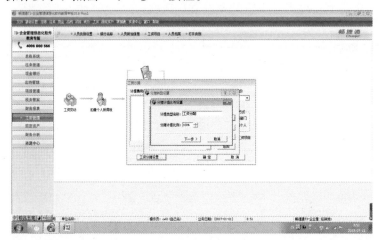

7. 操作要求：输入内容。

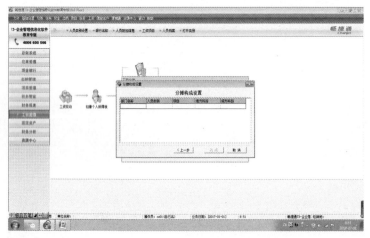

8. 操作要求：点击"完成"按钮。

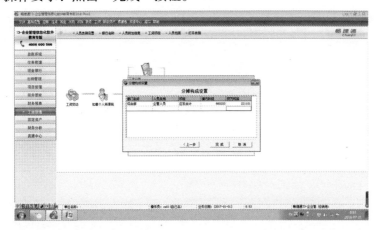

9. 操作要求：点击"返回"按钮。

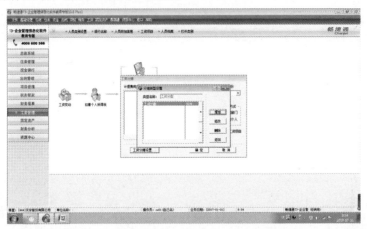

10. 操作要求：点击"工资分配"，点击"各个部门"，点击"明细到工资项目"。

11. 操作要求：点击"确定"按钮。

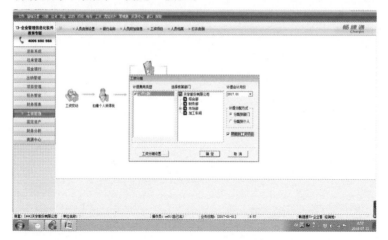

12. 操作要求：点击"合并科目相同、辅助项相同的分录"。

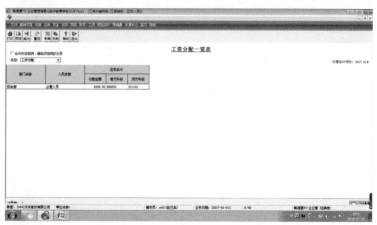

13. 操作要求：点击"制单"选项。

14. 操作要求：修改凭证（注意：凭证字为"转"，制单日期为"2018年1月31日"）。

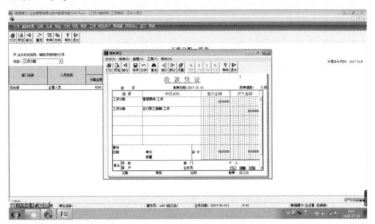

15. 操作要求：点击"保存"按钮。

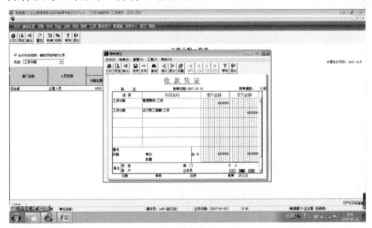

16. 操作要求：点出"退出"按钮，点击"退出"按钮。

（二）工资分摊——工资分摊设置

月末按正式人员工资应发金额的 14% 计提福利费，编制凭证并审核记账（转　摘要：计提福利费）。

根据下面表格内容进行操作（操作过程省略）。

| 计提 | 部门 | 类别 | 项目 | 借方科目 | 贷方科目 |
|------|------|------|------|----------|----------|
| 计提福利费 | 综合部 | 企管人员 | 应发合计 | 管理费用——福利费 | 应付职工薪酬——福利费 |
| 计提福利费 | 财务部 | 企管人员 | 应发合计 | 管理费用——福利费 | 应付职工薪酬——福利费 |
| 计提福利费 | 采购部 | 采购人员 | 应发合计 | 管理费用——福利费 | 应付职工薪酬——福利费 |
| 计提福利费 | 销售部 | 销售人员 | 应发合计 | 销售费用——福利费 | 应付职工薪酬——福利费 |
| 计提福利费 | 加工车间 | 生产人员 | 应发合计 | 制造费用——福利费 | 应付职工薪酬——福利费 |

（三）工资分摊——工资分摊设置

月末正式人员发工资，编制凭证并审核记账（转　摘要：发工资）。

根据下面表格内容进行操作（操作过程省略）。

| 计提 | 部门 | 类别 | 项目 | 借方科目 | 贷方科目 |
|------|------|------|------|----------|----------|
| 发工资 | 综合部 | 企管人员 | 实发合计 | 应付职工薪酬——工资 | 银行存款——工行存款 |
| 发工资 | 财务部 | 企管人员 | 实发合计 | 应付职工薪酬——工资 | 银行存款——工行存款 |
| 发工资 | 采购部 | 采购人员 | 实发合计 | 应付职工薪酬——工资 | 银行存款——工行存款 |
| 发工资 | 发工资 | 销售人员 | 实发合计 | 应付职工薪酬——工资 | 银行存款——工行存款 |
| 发工资 | 加工车间 | 生产人员 | 实发合计 | 应付职工薪酬——工资 | 银行存款——工行存款 |

（四）在工资系统中查询或修改凭证

工资分配凭证、计提福利费凭证、发工资凭证

1.操作要求：点击"工资—统计分析—凭证查询"。

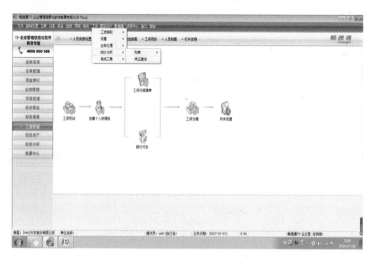

2.操作要求：点击"凭证"选项。

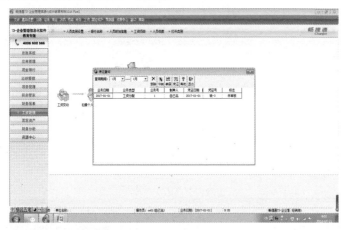

其他操作过程（省略）。

## 二、打开工资类别：临时人员

（一）工资分摊——工资分摊设置

月末临时人员工资分配，编制凭证并审核记账（转 摘要：工资分配）。

根据下面表格内容进行操作（操作过程省略）。

| 计提 | 部门 | 类别 | 项目 | 借方科目 | 贷方科目 |
|------|------|------|------|----------|----------|
| 工资分配 | 加工车间 | 生产人员 | 应发合计 | 制造费用——工资 | 应付职工薪酬——工资 |

（二）工资分摊——工资分摊设置

月末临时人员发工资，编制凭证并审核记账（转 摘要：发工资）。

根据下面表格内容进行操作（操作过程省略）。

| 计提 | 部门 | 类别 | 项目 | 借方科目 | 贷方科目 |
|------|------|------|------|----------|----------|
| 发工资 | 加工车间 | 生产人员 | 实发合计 | 应付职工薪酬——工资 | 银行存款——工行存款 |

## 任务三  总账系统月末工作处理

### 一、已记账后查询凭证发现错误的修改

操作使用说明：

用户名：cw01；账套：444；操作日期：2018 年 1 月 31 日。

要求：修改凭证。

（一）摘要：冲销多记金额  付 1 凭证

业务（1）3 日，以现金支付办公费，多记 200 元，应冲销多记金额（编

制凭证并审核记账）。

1. 操作要求：点击"填制凭证"图标。

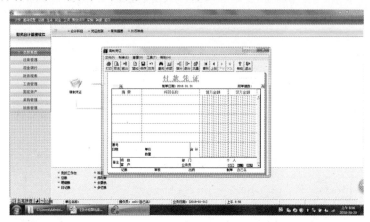

2. 操作要求：点击"制单—冲销凭证"。

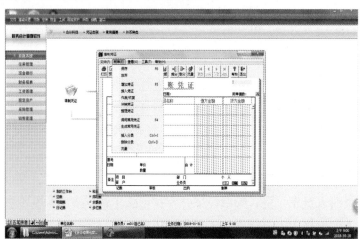

3. 操作要求：修改"凭证类别"和"凭证号"。

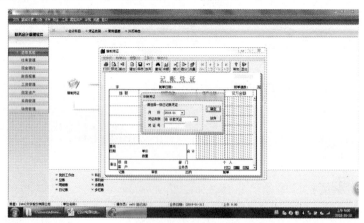

4.操作要求：点击"确定"按钮。

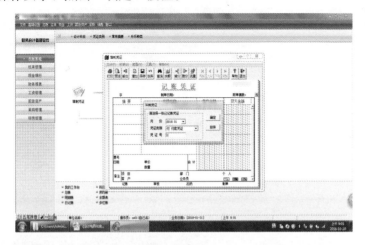

5.操作要求：按要求修改凭证。

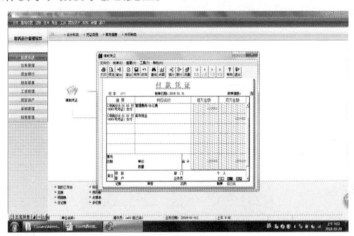

6.操作要求：点击"保存"按钮。

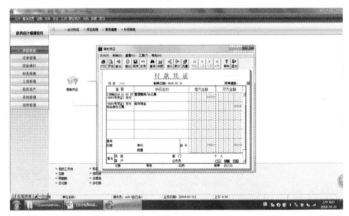

7. 操作要求：点击"确定"按钮。

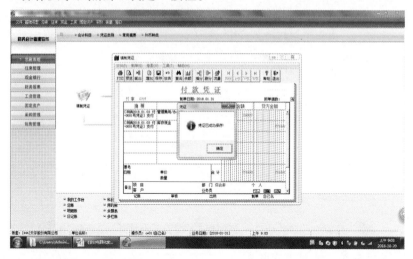

8. 操作要求：点击"退出"按钮。

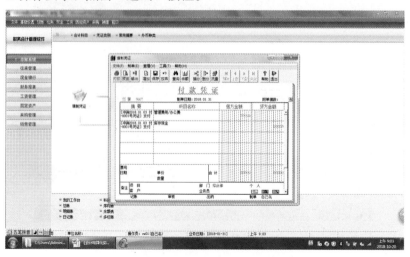

（二）摘要：补记少记金额　付2（操作过程省略）

业务（2）8日，以工行存款支付销售部修理费，少记400元，应补记少记金额（编制凭证并审核记账）。

（三）摘要：冲销凭证　付3（操作过程省略）

业务（4）18日，以工行存款3200元支付销售部修理费，为8日业务，属业务凭证重复，应冲销（编制凭证并审核记账）。

## 二、月末转账

操作使用说明：

用户名：cw01；账套：444；操作日期：2018 年 1 月 31 日。

要求：月末转账。

（一）结转应交增值税（编制凭证并审核记账）

（转　摘要：结转应交增值税）

应交税费——应交增值税——转出未交增值税　借　FS（销项税额科目编码，月，贷）　FS（进项税额科目编码，月，借）

应交税费——未交增值税　　　　　　　　　　贷　JG（）

1. 操作要求：点击"月末转账"图标，点击"自定义转账"右侧放大镜按钮。

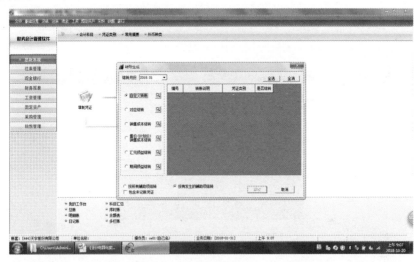

2. 操作要求：点击"增加"按钮。

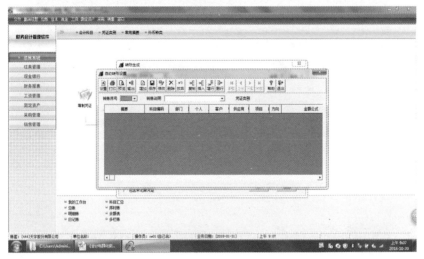

3.操作要求：点击"确定"按钮

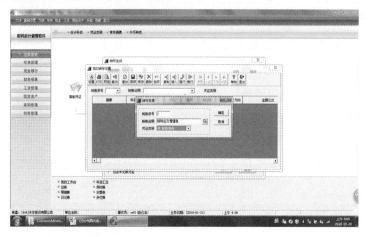

4.操作要求：输入内容。

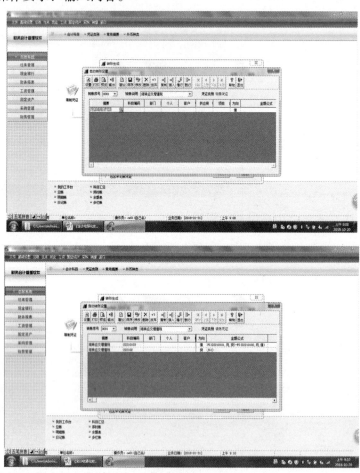

5. 操作要求：点击"保存"按钮，点击"退出"按钮。

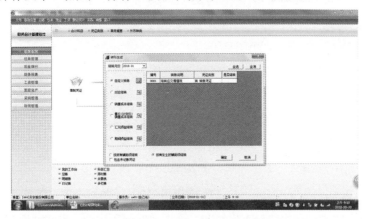

6. 操作要求：双击"是否结转"图标，点击"确定"按钮。

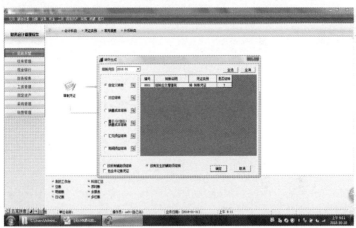

7. 操作要求：点击"是（Y）"按钮，点击"确定"按钮。

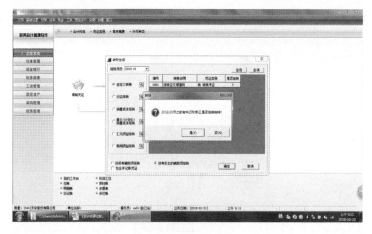

8.操作要求：点击"保存"按钮，点击"退出"按钮，点击"取消"按钮。

（二）结转制造费用（编制凭证并审核记账，操作过程省略）

（转　摘要：结转制造费用）

生产成本　　　　　　　　　借　　CE（）
制造费用　　　　　　　　　贷　　FS（制造费用科目编码，月，借）

（三）结转生产成本（编制凭证并审核记账，操作过程省略）

（转　摘要：结转生产成本）

库存商品　　　借　　CE（）
生产成本　　　贷　　FS（生产成本科目编码，月，借）

（四）月末按应收账款的3‰计提应收账款坏账准备（编制凭证并审核
记账，操作过程省略）

（转　摘要：计提应收账款坏账准备）

资产减值损失——流动资产减值损失　　　　借　QM（应收账款科目编码，月，借）×计提比例

坏账准备——应收账款坏账准备　　　　　　贷　JG（ ）

（五）月末按其他应收款的3‰计提其他应收款坏账准备（编制凭证并审核记账，操作过程省略）

（转　摘要：计提其他应收款坏账准备）

资产减值损失——流动资产减值损失　　　　借　QM（其他应收款科目编码，月，借）×计提比例

坏账准备——其他应收款坏账准备　　　　　贷　JG（ ）

（六）月末按短期借款的年利率2‰计算借款利息（编制凭证并审核记账，操作过程省略）

（转　摘要：计算短期借款利息）

A情况：如果是年利率

财务费用——利息支出　　　　　　　　　　借　QM（短期借款科目编码，月，贷）×计提比例/12

应付利息　　　　　　　　　　　　　　　　贷　JG（ ）

B情况：如果是月利率

财务费用——利息支出　　　　　　　　　　借　QM（短期借款科目编码，月，贷）×计提比例

应付利息　　　　　　　　　　　　　　　　贷　JG（ ）

（七）月末期间损益结转（编制凭证并审核记账）

（转　摘要：期间损益结转）

借：主营业务收入

　　其他业务收入

　　公允价值变动损益

　　投资收益

　　营业外收入

贷：本年利润

借：本年利润

贷：主营业务成本

　　其他业务成本

　　营业税金及附加

销售费用

管理费用

财务费用

资产减值损失

营业外支出

所得税费用

1. 操作要求：点击"月末转账"图标。

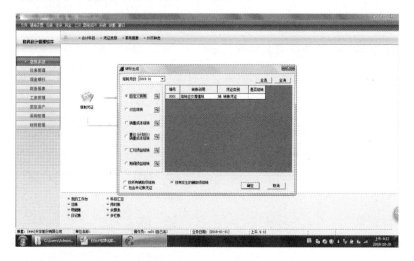

2. 操作要求：点击"期间损益结转"选项。

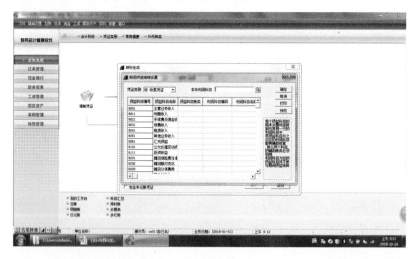

3.操作要求：输入内容，点击"确定"按钮。

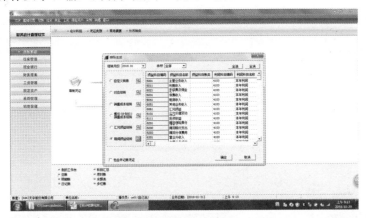

4.操作要求：选择"类型"选项，点击"收入"按钮，点击"确定"按钮。

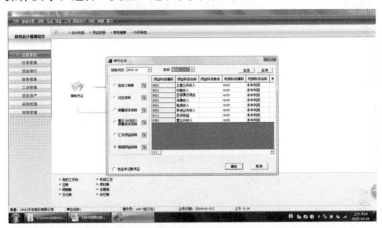

5.操作要求：点击"是（Y）"按钮。

6. 操作要求：点击"确定"按钮。

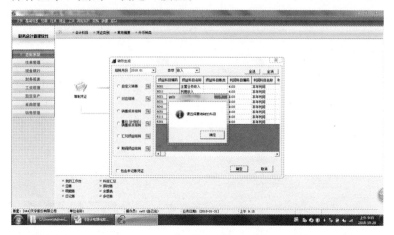

7. 操作要求：点击"全选"按钮，点击"确定"按钮。

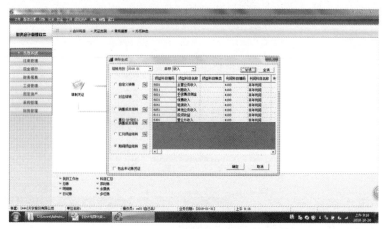

8. 操作要求：点击"是（Y）"按钮。

9. 操作要求：点击"保存"按钮。

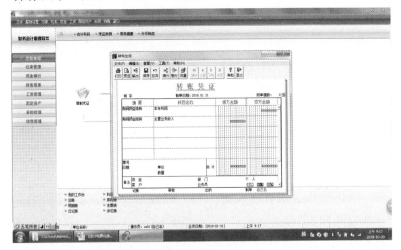

10. 操作要求：点击"退出"按钮。

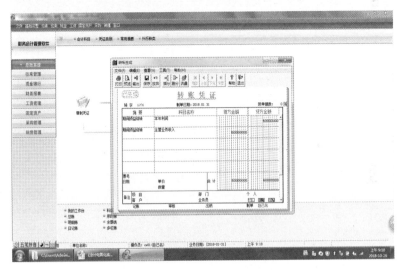

（八）结转本年利润（编制凭证并审核记账，操作过程省略）

（转　摘要：结转本年利润）

A 情况：查看"总账—账簿查询—余额表"，如果"本年利润"科目余额期末在贷方是盈利。

本年利润　　　　　　　　　　　　　借　QM（科目编码，月，贷）

利润分配 —— 未分配利润　　　　　贷　CE（）

B 情况：查看"总账—账簿查询—余额表"，如果"本年利润"科目余额期末在借方是亏损。

利润分配 —— 未分配利润 　　借　CE（ ）
本年利润 　　　　　　　　　　贷　QM（科目编码，月，借）

# 任务四　报表系统

## 一、报表项目设置

操作使用说明：

用户名：cw01；账套：444；操作日期：2018 年 1 月 31 日。

要求：项目设置、报表公式定义并生成数据，保存报表到"D:\ 自己名 ZW \ 天宇股份利润表"。

根据下面利润表内容进行操作。

| 项　　目 | 本期金额 | 累计发生额 |
|---|---|---|
| 一、营业收入 | | |
| 　减：营业成本 | | |
| 　　　营业税金及附加 | | |
| 　　　销售费用 | | |
| 　　　管理费用 | | |
| 　　　财务费用 | | |
| 　　　资产减值损失 | | |
| 　加：公允价值变动损益（损失以"－"号填列） | | |
| 　　　投资收益（损失以"－"号填列） | | |
| 二、营业利润（亏损以"－"号填列） | | |
| 　加：营业外收入 | | |
| 　减：营业外支出 | | |
| 三、利润总额（亏损总额以"－"号填列） | | |
| 　减：所得税费用 | | |
| 四、净利润（净亏损以"－"号填列） | | |

1. 操作要求：点击"财务报表"选项，点击"确定"按钮。

2.操作要求：点击"新建"按钮。

3.操作要求：输入表格内容。

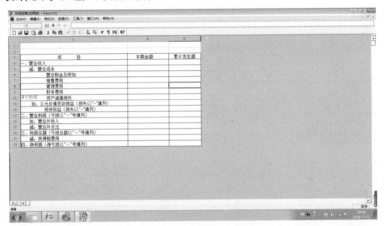

4.在格式状态下定义表头，点击"数据—关键字—设置"。

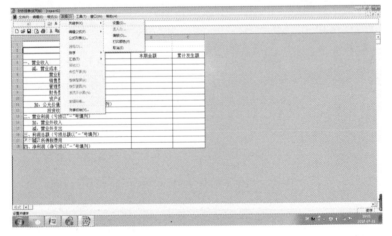

5.操作要求：选择"单位名称，年，月，日"一个一个进行，点击"确定"按钮。

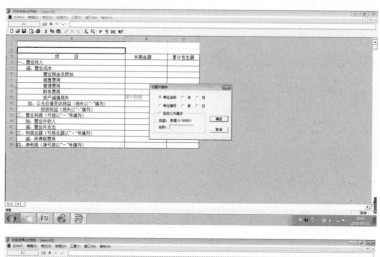

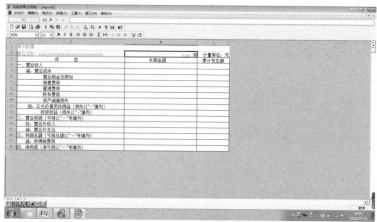

6.操作要求：调整"年，月，日"的位置，点击"数据—关键字—偏移"。

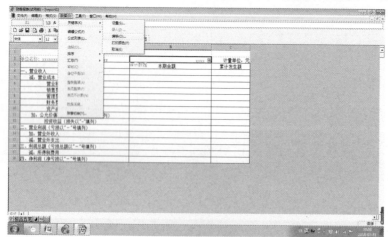

7. 操作要求：点击"确定"按钮。

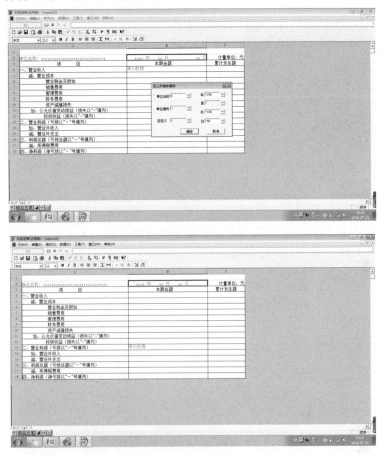

## 二、报表公式定义并生成数据

1. 操作要求：定义报表项目数据公式，点击"fx"。

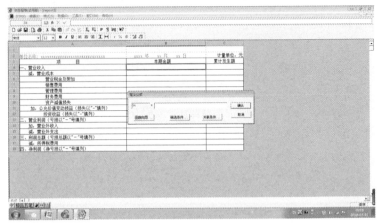

2. 操作要求：点击"函数向导"按钮。

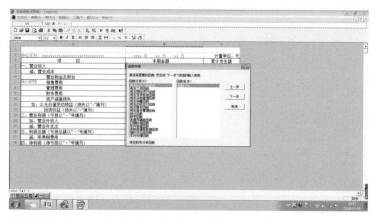

3. 操作要求：函数分类，点击"用友账务函数"，函数名"发生"，必须根据手工财务报表的实际情况选择。点击"下一步"按钮。

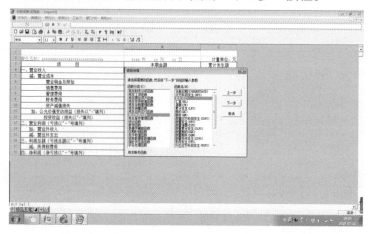

4. 操作要求：点击"参照"按钮。

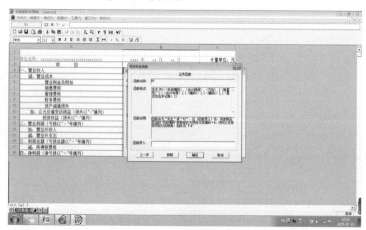

5. 操作要求：选择输入。

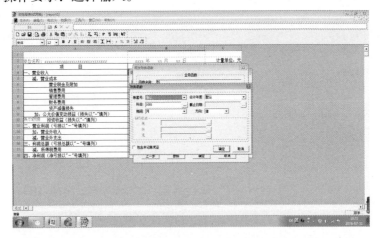

6. 操作要求：点击"确定"按钮

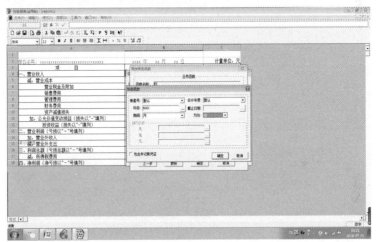

7. 操作要求：点击"确定"按钮。

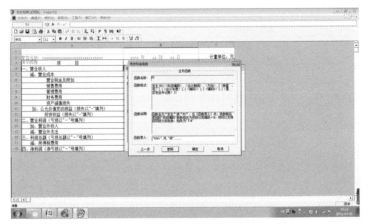

8. 操作要求：按手工财务报表要求，继续输入。

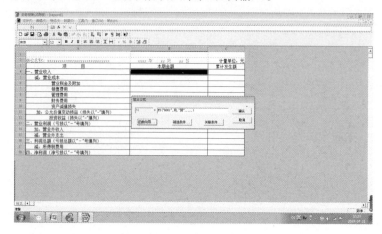

9. 操作要求：点击"函数向导"按钮，重复过程（省略）。

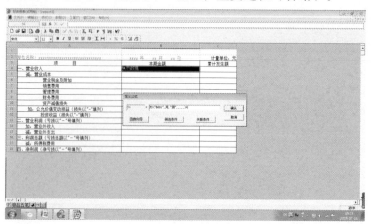

10. 操作要求：点击"确认"按钮。

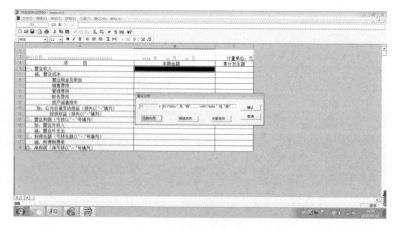

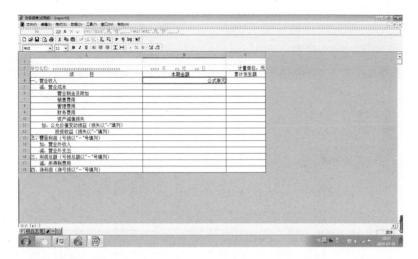

其他操作过程（省略）。

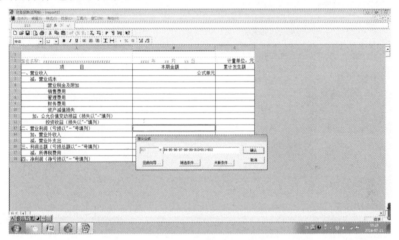

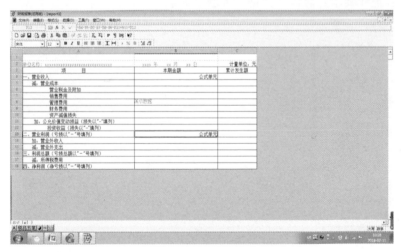

11. 操作要求：格式数据转换，点击"编辑—格式／数据状态"。

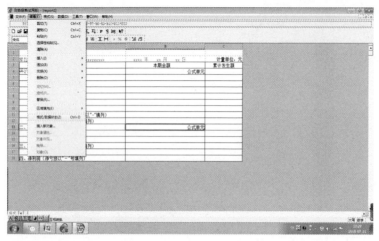

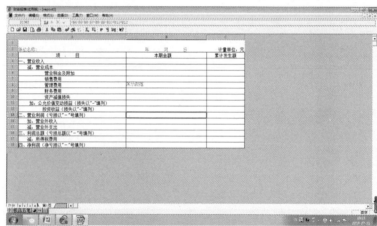

12. 操作要求：点击"数据—关键字—录入"。

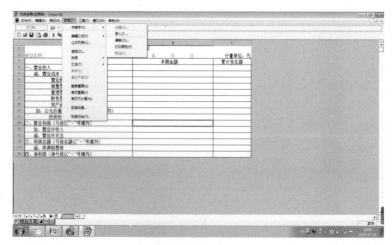

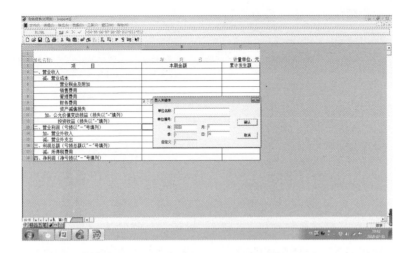

13. 操作要求：输入内容，点击"确认"按钮。

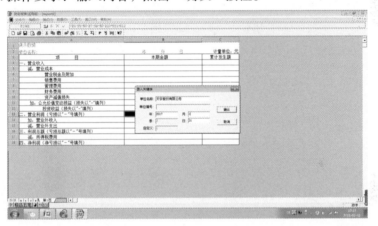

14. 操作要求：点击"是（Y）"按钮。

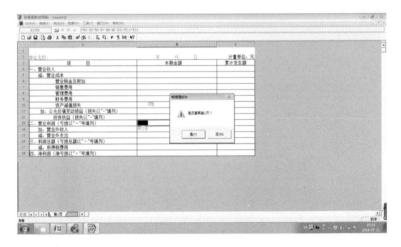

15. 操作要求：点击"保存"按钮。

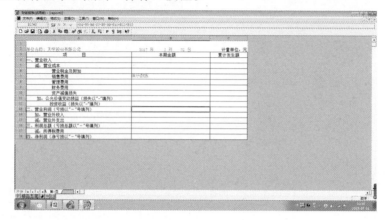

16. 操作要求：选择保存的路径，点击"保存"按钮。

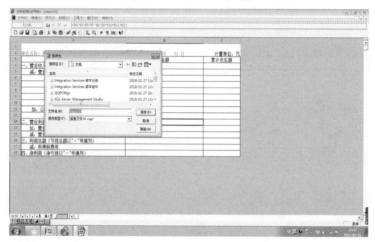

17. 操作要求：点击右上角"×"退出。

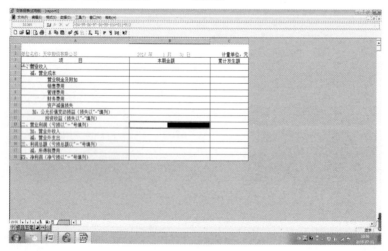

资产负债表项目设置、公式设置并生成数据，保存报表到"D:\ 自己名 ZW\ 天宇股份资产负债表"。

根据下面资产负债表进行操作（操作过程省略）。

| 资产 | 年初余额 | 期初余额 | 期末余额 | 负债及所有者权益 | 年初余额 | 期初余额 | 期末余额 |
|---|---|---|---|---|---|---|---|
| 流动资产： | | | | 流动负债： | | | |
| 货币资金 | | | | 短期借款 | | | |
| 交易性金融资产 | | | | 交易性金融负债 | | | |
| 应收票据 | | | | 应付票据 | | | |
| 应收账款 | | | | 应付账款 | | | |
| 预付款项 | | | | 预收款项 | | | |
| 应收利息 | | | | 应付职工薪酬 | | | |
| 应收股利 | | | | 应交税费 | | | |
| 其他应收款 | | | | 应付利息 | | | |
| 存货 | | | | 应付股利 | | | |
| 一年内到期的非流动资产 | | | | 其他应付款 | | | |
| 其他流动资产 | | | | 一年内到期的非流动负债 | | | |
| 流动资产合计 | | | | 其他流动负债 | | | |
| 非流动资产： | | | | 流动负债合计 | | | |
| 长期应收款 | | | | 非流动负债： | | | |
| 长期股权投资 | | | | 长期借款 | | | |
| 固定资产 | | | | 应付债券 | | | |
| 在建工程 | | | | 长期应付款 | | | |
| 工程物资 | | | | 递延所得税负债 | | | |
| 固定资产清理 | | | | 其他非流动负债 | | | |
| 无形资产 | | | | 非流动负债合计 | | | |
| 长期待摊费用 | | | | 负债合计 | | | |
| 递延所得税资产 | | | | 所有者权益： | | | |
| 待处理财产损溢 | | | | 实收资本 | | | |
| 其他非流动资产 | | | | 资本公积 | | | |
| 非流动资产合计 | | | | 盈余公积 | | | |
| | | | | 未分配利润 | | | |
| | | | | 所有者权益合计 | | | |
| 资产总计 | | | | 负债和所有者权益总计 | | | |

# 任务五　结账

操作使用说明：

用户名：cw01；账套：444；操作日期：2018 年 1 月 31 日。

要求：结账（注意：先其他系统结账，再总账系统结账）。

操作要求：点击"月末结账"图标进行结账（操作过程省略）。

# 任务六　查看上机日志

要求：以 admin 注册"系统管理"—视图—查看上机日志（操作过程省略）。

# 项目七 《会计电算化实务操作》教程考试模式 30 题型

## 试题一

考前要求：1. 先在 D 盘建立文件夹，名称为"自己名 01"。

2. 恢复 D:\zw01 文件夹下的账套数据。

3. 做完后：数据备份，并将数据存到"D:\ 自己名 01"。

答题时间 60 分钟。

01/30 题

要求：增加操作员，如下表所示。

| 编码 | 姓名 | 口令 | 所属部门 |
|------|------|------|----------|
| 10 | 赵名 | 10 | 办公室 |

02/30 题

要求：设置刘月具有"001 账套"的"总账、固定资产"模块的操作权限。

03/30 题

操作使用说明：

用户名：002；账套：001；操作日期：2018 年 7 月 1 日。

要求：设置外币及汇率，如下表所示。

| 币别 | 币名 | 7 月份记账汇率 |
|------|------|----------------|
| AUD | 澳元 | 5.14 |

04/30 题

操作使用说明：

用户名：002；账套：001；操作日期：2018 年 7 月 1 日。

要求：增加部门档案，如下表所示。

| 部门编码 | 部门名称 | 部门属性 |
|----------|----------|----------|
| 4 | 采购部 | 采购管理 |

05/30 题

操作使用说明：

用户名：002；账套：001；操作日期：2018 年 7 月 1 日。

要求：增加供应商档案，如下表所示。

| 供应商编码 | 供应商名称 | 供应商简称 | 地址 |
|---|---|---|---|
| 004 | 天津启明公司 | 天津启明 | 天津河西区 220 号 |

06/30 题

操作使用说明：

用户名：002；账套：001；操作日期：2018 年 7 月 1 日。

要求：设置会计科目，如下表所示。

| 科目编码 | 科目名称 | 辅助核算 / 其他 |
|---|---|---|
| 140301 | 材料 A | 数量核算（单位：个） |

07/30 题

操作使用说明：

用户名：002；账套：001；操作日期：2018 年 7 月 1 日。

要求：设置会计科目，如下表所示。

| 科目编码 | 科目名称 | 辅助核算 / 其他 |
|---|---|---|
| 100203 | 北京银行账户 | 银行账 |
| 1405 | 库存商品 | 项目核算 |

08/30 题

操作使用说明：

用户名：001；账套：001；操作日期：2018 年 7 月 1 日。

要求：录入期初余额。

应付账款　　　　贷　　　　10000 元

辅助明细　应付明细　2018-6-1　天津启明　采购材料　贷　10000 元

09/30 题

操作使用说明：

用户名：001；账套：001；操作日期：2018 年 7 月 1 日。

7 月 1 日，联想公司向本公司捐赠 5 台服务器，价值 60000 元。

要求：填制并保存凭证（摘要：联想公司捐赠；凭证类型：转账凭证）。

10/30 题

操作使用说明：

用户名：001；账套：001；操作日期：2018 年 7 月 2 日。

7 月 2 日，销售部向北京方正公司销售产品 PNP10 台，无税单价 1000 元，增值税税率 16%，收到北京方正公司转账支票支付全部货款，财务人员存入银行（转账支票号 Z001）。

要求：填制凭证（摘要：销售 A 产品；凭证类型：收款凭证）。

11/30 题

操作使用说明：

用户名：001；账套：001；操作日期：2018 年 7 月 3 日。

7 月 3 日，采购部门从北京吉利公司购入一批原材料，材料入库同时收到采购专用发票，发票载明：材料 A 1000 个，无税单价 120 元，增值税税率 16%，贷款尚未支付。

要求：填制凭证（摘要：购入原材料；凭证类型：转账凭证）。

12/30 题

操作使用说明：

用户名：001；账套：001；操作日期：2018 年 7 月 3 日。

7 月 3 日，财务部购入电脑一台，价值 4000 元，增值税税率 16%，工商银行现金支票支付（现金支票号 XJ001）。

要求：填制凭证（摘要：购入电脑；凭证类型：付款凭证）。

13/30 题

操作使用说明：

用户名：001；账套：001；操作日期：2018 年 7 月 3 日。

7 月 3 日，销售部王琪预借差旅费 2000 元（现金支付）。

要求：填制凭证（摘要：预借差旅费；凭证类型：付款凭证）。

14/30 题

操作使用说明：

用户名：002；账套：001；操作日期：2018 年 7 月 31 日。

要求：对"付 0001"号凭证进行审核。

15/30 题

操作员说明：

用户名：002；账套：001；操作日期：2018 年 7 月 31 日。

要求：将所有已审核凭证记账。

16/30 题

操作使用说明：

用户名：002；账套：001；操作日期：2018 年 7 月 1 日。

要求：在"在职人员"工资类别下，定义工资分摊公式，参照下表。

| 计提类型名称 | 计提比例 | 部门名称 | 人员类别 | 项目 | 借方科目 | 贷方科目 |
|---|---|---|---|---|---|---|
| 工资分摊 | 100% | 总经办、财务部 | 管理人员 | 应发合计 | 660205 | 2211 |

17/30 题

操作使用说明：

用户名：002；账套：001；操作日期：2018 年 7 月 1 日。

要求：在"市场人员"工资类别下，设置"奖金"工资项目计算公式。

销售部门奖金为 1000 元，其他部门奖金为 500 元。

18/30 题

操作使用说明：

用户名：002；账套：001；操作日期：2018 年 7 月 1 日。

要求：在"市场人员"工资类别下，设置"事假扣款"工资项目计算公式。

事假扣款 =100× 事假天数

19/30 题

操作使用说明：

用户名：001；账套：001；操作日期：2018 年 7 月 1 日。

要求：录入固定资产原始卡片，如下表所示。

| 资产类别 | 02 |
|---|---|
| 资产名称 | 联想电脑 |
| 部门名称 | 人力资源部 |
| 增加方式 | 直接购入 |
| 使用状况 | 在用 |
| 开始使用日期 | 2017-07-01 |
| 原值 | 5000 |
| 累计折旧 | 869 |

20/30 题

操作使用说明：

用户名：001；账套：001；操作日期：2018 年 7 月 1 日。

要求：录入固定资产原始卡片，如下表所示。

| 资产类别 | 02 |
|---|---|
| 资产名称 | 飞利浦打印机 |
| 部门名称 | 财务部 |
| 增加方式 | 直接购入 |
| 使用状况 | 在用 |
| 开始使用日期 | 2017-12-25 |
| 原值 | 2000 |
| 累计折旧 | 189.6 |

21/30 题

操作使用说明：

用户名：001；账套：001；操作日期：2018 年 7 月 31 日。

要求：计提本月固定资产折旧，生成转账凭证。

22/30 题

操作使用说明：

用户名：002；账套：001；操作日期：2018 年 7 月 31 日。

要求：打开考生文件夹"D:\dkks\CbtesExam\ERP021\"下的"资产负债表 –07.rep"，完成下列操作后，将报表保存到"D:\zw01\ 北京飞虎科技资产负债表 –07.rep"。

（1）设置 B5 单元格"应收账款"的计算公式。

（2）设置 B10 单元格"固定资产净值"的计算公式。

23/30 题

操作使用说明：

用户名：002；账套：001；操作日期：2018 年 7 月 31 日。

要求：打开考生文件夹"D:\dkks\CbtesExam\ERP022\"下的"利润表 –07.rep"，将报表保存到"D:\zw01\ 北京飞虎科技利润表 –07.rep"。

（1）设置 B4 单元格"营业收入"的计算公式。

（2）设置 B7 单元格"销售费用"的计算公式。

24/30 题

操作使用说明：

用户名：001；账套：001；操作日期：2018 年 7 月 1 日。

7 月 1 日，收到甲企业投资的新设备一台，价值 60000 元，可抵扣的进项税额为 9600 元。

要求：填制并保存凭证（摘要：甲企业投资；凭证类型：转账凭证）。

25/30 题

操作使用说明：

用户名：001；账套：001；操作日期：2018 年 7 月 5 日。

7 月 5 日，采购部购置不需要安装的设备一台，价值 15000，增值税 2400 元，全部款项已用工商银行存款支付（电汇 24587565）。

要求：填制凭证（摘要：购入设备；凭证类型：付款凭证）。

26/30 题

操作使用说明：

用户名：001；账套：001；操作日期：2018 年 7 月 9 日。

7月9日，采购部门从北京吉利公司购入一批B材料，单价100元，数量60个，增值税税率16%，材料已运到，货款尚未支付。

要求：填制凭证（摘要：购入原材料；凭证类型：转账凭证）。

27/30题

操作使用说明：

用户名：001；账套：001；操作日期：2018年7月10日。

7月10日，张扬预借差旅费1000元，以现金支付。

要求：填制凭证（摘要：预借差旅费；凭证类型：付款凭证）。

28/30题

操作使用说明：

用户名：002；账套：001；操作日期：2018年7月31日。

要求：在"在职人员"工资类别下，修改工资数据，参照下表。

| 人员编码 | 姓名 | 基本工资 | 事假天数 |
|---|---|---|---|
| 101 | 李立 | 5000 | 1 |
| 201 | 何莹 | 4500 | |
| 301 | 张宇 | 4500 | |

29/30题

操作使用说明：

用户名：002；账套：001；操作日期：2018年7月31日。

要求：在"市场人员"工资类别下，修改工资数据，参照下表。

| 人员编码 | 姓名 | 基本工资 | 事假天数 |
|---|---|---|---|
| 401 | 张扬 | 4000 | |
| 501 | 王琪 | 4000 | 3 |
| 601 | 赵伟 | 3500 | |

30/30题

操作使用说明：

用户名：001；账套：001；操作日期：2018年7月31日。

要求：设置资产变动。

将固定资产打印机由财务部转到采购部，变动原因为办公设备调配。

# 试题二

考前要求：1. 先在D盘建立文件夹，名称为"自己名02"。

2. 恢复D:\zw02文件夹下的账套数据。

3. 做完后：数据备份，并将数据存到"D:\自己名02"。

答题时间60分钟。

01/30 题

要求：增加操作员，如下表所示。

| 编码 | 姓名 | 口令 | 所属部门 |
|------|------|------|----------|
| 11 | 李亮 | 666 | 办公室 |

02/30 题

要求：设置刘月具有"001 账套"的"总账、固定资产、工资管理"模块的操作权限。

03/30 题

操作使用说明：

用户名：002；账套：001；操作日期：2018 年 7 月 1 日。

要求：设置外币及汇率，如下表所示。

| 币别 | 币名 | 7 月份记账汇率（浮动汇率） |
|------|------|---------------------------|
| HKD | 港元 | 0.456 |

04/30 题

操作使用说明：

用户名：002；账套：001；操作日期：2018 年 7 月 1 日。

要求：付款条件设置。

001　4/10，3/20，N/30。

05/30 题

操作使用说明：

用户名：002；账套：001；操作日期：2018 年 7 月 1 日。

要求：增加客户档案，如下表所示。

| 客户编码 | 客户名称 | 客户简称 | 地址 |
|----------|----------|----------|------|
| 002 | 上海远东公司 | 上海远东 | 上海浦东区 220 号 |

06/30 题

操作使用说明：

用户名：002；账套：001；操作日期：2018 年 7 月 1 日。

要求：设置会计科目，如下表所示。

| 科目编码 | 科目名称 | 辅助核算 / 其他 |
|----------|----------|-----------------|
| 122102 | 职工借款 | 个人往来 |

07/30 题

操作使用说明

用户名：002；账套：001；操作日期：2018 年 7 月 1 日。

要求：设置会计科目，如下表所示。

| 科目编码 | 科目名称 | 辅助核算 / 其他 |
|---|---|---|
| 100205 | 交通银行账户 | 日记账、银行账 |

08/30 题

操作使用说明：

用户名：001；账套：001；操作日期：2018 年 7 月 1 日。

要求：设置开户银行。

001　　　　建设银行边城支行　　　账号：888796

09/30 题

操作使用说明：

用户名：001；账套：001；操作日期：2018 年 7 月 2 日。

7 月 2 日，销售部向北京方正公司销售产品 10 台，无税单价 1000 元，增值税税率 16%，收到北京方正公司转账支票支付全部货款，财务人员存入工商银行（转账支票号 Z002）。

要求：填制凭证（摘要：销售产品；凭证类型：收款凭证）。

10/30 题

操作使用说明：

用户名：001；账套：001；操作日期：2018 年 7 月 3 日。

7 月 3 日，以现金购买生产车间办公用品，收到增值税专用发票注明价款 600 元，增值税 96 元。

要求：填制凭证（摘要：生产车间购买办公用品；凭证类型：付款凭证）。

11/30 题

操作使用说明：

用户名：001；账套：001；操作日期：2018 年 7 月 3 日。

7 月 3 日，财务部购入打印机一台，价值 3000 元，增值税税率 6%，工商银行转账支票支付（转账支票号 ZZ001）。

要求：填制凭证（摘要：购入打印机；凭证类型：付款凭证）。

12/30 题

操作使用说明：

用户名：001；账套：001；操作日期：2018 年 7 月 3 日。

7 月 3 日，企业盘亏 A 材料 1 个，单价 60 元，原因已查明，属于自然损耗，经批准后进行处理。

要求：填制凭证（摘要：原材料盘亏并处理；凭证类型：转账凭证）。

13/30 题

操作使用说明：

用户名：002；账套：001；操作日期：2018 年 7 月 15 日。

对公司库存现金进行不定期清查，实存金额为 1040 元，账存金额为 1100 元，原因待查。

要求：填制凭证（摘要：库存现金清查；凭证类型：转账凭证）。

14/30 题

操作员说明：

用户名：002；账套：001；操作日期：2018 年 7 月 31 日。

要求：对所有凭证进行审核签字。

15/30 题

操作使用说明：

用户名：002；账套：001；操作日期：2018 年 7 月 1 日。

要求：在"在职人员"工资类别下，定义工资分摊公式，参照下表。

| 计提类型名称 | 计提比例 | 部门名称 | 人员类别 | 项目 | 借方科目 | 贷方科目 |
|---|---|---|---|---|---|---|
| 工资分摊 | 100% | 人力资源部 | 管理人员 | 应发合计 | 660205 | 2211 |

16/30 题

操作使用说明：

用户名：002；账套：001；操作日期：2018 年 7 月 31 日。

要求：在"在职人员"工资类别下，设置"奖金"工资项目计算公式。

总经办奖金为 2000 元，人力资源部奖金为 1500 元，其他奖金为 1000 元。

17/30 题

操作使用说明：

用户名：002；账套：001；操作日期：2018 年 7 月 1 日。

要求：在"市场人员"工资类别下，设置"事假扣款"工资项目计算公式。

事假扣款 =50× 事假天数

工资超过 3500 元交纳个人所得税。

18/30 题

操作使用说明：

用户名：001；账套：001；操作日期：2018 年 7 月 1 日。

要求：录入固定资产原始卡片，如下表所示。

| 资产类别 | 02 |
|---|---|
| 资产名称 | 惠普电脑 |
| 部门名称 | 总经办 |
| 增加方式 | 直接购入 |
| 使用状况 | 在用 |
| 开始使用日期 | 2017–03–01 |
| 原值 | 6000 |
| 累计折旧 | 900 |

19/30 题

操作使用说明：

用户名：001；账套：001；操作日期：2018 年 7 月 1 日。

要求：录入固定资产原始卡片，如下表所示。

| 资产类别 | 02 |
|---|---|
| 资产名称 | 爱普生打印机 |
| 部门名称 | 财务部 |
| 增加方式 | 直接购入 |
| 使用状况 | 在用 |
| 开始使用日期 | 2017–08–25 |
| 原值 | 3000 |
| 累计折旧 | 200 |

20/30 题

操作使用说明：

用户名：001；账套：001；操作日期：2018 年 7 月 31 日。

要求：修改固定资产模块初始化设置。

可纳税调整的增加方式：直接购入，投资者投入，接受捐赠。

21/30 题

操作使用说明：

用户名：002；账套：001；操作日期：2018 年 7 月 31 日。

要求：打开考生文件夹 "D:\dkks\CbtesExam\ERP021\" 下的 "资产负债表 –07.rep"，完成下列操作后，将报表保存到 "D:\zw02\ 北京飞虎科技资产负债表 –07.rep"。

（1）设置 B4 单元格 "货币资金" 的计算公式。

（2）设置 B12 单元格 "资产合计" 的计算公式。

22/30 题

操作使用说明：

用户名：002；账套：001；操作日期：2018 年 7 月 31 日。

要求：打开考生文件夹 "D:\dkks\CbtesExam\ERP022\" 下的 "利润表 –07.rep"，将报表保存到 "D:\zw02\ 北京飞虎科技利润表 –07.rep"。

（1）设置 C5 单元格 "营业成本" 的计算公式。

（2）设置 B13 单元格 "利润总额" 的计算公式。

23/30 题

操作使用说明：

用户名：001；账套：001；操作日期：2018 年 7 月 5 日。

7 月 5 日，采购部购置不需要安装的设备一台，价值 15000 元，增值税税率 16%，全部款项已用工商银行存款支付（电汇 24587565）。

要求：填制并保存凭证（摘要：购入设备；凭证类型：付款凭证）。

24/30 题

操作使用说明：

用户名：001；账套：001；操作日期：2018 年 7 月 9 日。

7 月 9 日，采购部门从北京吉利公司购入一批 B 材料，单价 100 元，数量 80 个，增值税税率 16%，材料已运到，货款尚未支付。

要求：填制凭证（摘要：购入原材料；凭证类型：转账凭证）。

25/30 题

操作使用说明：

用户名：001；账套：001；操作日期：2018 年 7 月 12 日。

7 月 12 日，张扬预借差旅费 500 元，以现金支付。

要求：填制凭证（摘要：预借差旅费；凭证类型：付款凭证）。

26/30 题

操作使用说明：

用户名：002；账套：001；操作日期：2018 年 7 月 31 日。

要求：在 "在职人员" 工资类别下，修改工资数据，参照下表。

| 人员编码 | 姓名 | 基本工资 | 事假天数 |
| --- | --- | --- | --- |
| 101 | 李立 | 6000 | 1 |
| 201 | 荷莹 | 5500 | |
| 301 | 张宇 | 5000 | |

27/30 题

操作使用说明：

用户名：002；账套：001；操作日期：2018 年 7 月 31 日。

要求：在 "市场人员" 工资类别下，修改工资数据，参照下表。

| 人员编码 | 姓名 | 基本工资 | 事假天数 |
|---|---|---|---|
| 401 | 张扬 | 5000 | |
| 501 | 王琪 | 5000 | 3 |
| 601 | 赵伟 | 4000 | |

28/30 题

操作使用说明：

用户名：001；账套：001；操作日期：2018 年 7 月 31 日。

要求：在总账系统中采用"自动转账"功能结转制造费用，生成凭证。

29/30 题

操作使用说明：

用户名：001；账套：001；操作日期：2018 年 7 月 31 日。

7 月 31 日，人力资源部何莹还个人借款 5000 元，以现金支付。

要求：填制凭证（摘要：还个人借款；凭证类别：收款凭证）。

30/30 题

操作使用说明

用户名：001；账套：001；操作日期：2018 年 7 月 31 日。

要求：自动"结转损益"，生成凭证。

# 试题三

考前要求：1. 先在 D 盘建立文件夹，名称为"自己名 03"。

2. 恢复 D:\zw03 文件夹下的账套数据。

3. 做完后：数据备份，并将数据存到"D:\ 自己名 03"。

答题时间 60 分钟。

01/30 题

要求：增加操作员，如下表所示。

| 编码 | 姓名 |
|---|---|
| 005 | 本人姓名 |

02/30 题

要求：设置本人姓名是"001 账套"的账套主管。

设置刘月具有"001 账套"的"总账、固定资产、工资管理"模块的操作权限。

03/30 题

操作使用说明：

用户名：002；账套：001；操作日期：2018 年 7 月 1 日。

要求：设置外币及汇率，如下表所示。

| 币别 | 币名 | 7 月份记账汇率（浮动汇率） |
|---|---|---|
| HKD | 港币 | 0.456 |

04/30 题

操作使用说明：

用户名：005；账套：001；操作日期：2018 年 7 月 1 日。

要求：付款条件设置。

001　　3/10，2/20，N/30。

05/30 题

操作使用说明：

用户名：002；账套：001；操作日期：2018 年 7 月 1 日。

要求：增加客户档案，如下表所示。

| 客户编码 | 客户名称 | 客户简称 | 地址 |
|---|---|---|---|
| 002 | 上海东方公司 | 上海东方 | 黄浦区 20 号 |

06/30 题

操作使用说明：

用户名：005；账套：001；操作日期：2018 年 7 月 1 日。

要求：设置会计科目，如下表所示。

| 科目编码 | 科目名称 | 辅助核算 / 其他 |
|---|---|---|
| 140202 | 材料 B | 数量核算（单位：个） |
| 140301 | 材料 A | 数量核算（单位：个） |

07/30 题

操作使用说明：

用户名：002；账套：001；操作日期：2018 年 7 月 1 日。

要求：设置会计科目，如下表所示。

| 科目编码 | 科目名称 | 辅助核算 / 其他 |
|---|---|---|
| 100203 | 北京银行账户 | 日记账、银行账 |

08/30 题

操作使用说明：

用户名：005；账套：001；操作日期：2018 年 7 月 1 日。

要求：在"在职人员"工资类别下，定义工资分摊公式，参照下表。

| 计提类型名称 | 计提比例 | 部门名称 | 人员类别 | 项目 | 借方科目 | 贷方科目 |
|---|---|---|---|---|---|---|
| 工资分摊 | 100% | 人力资源部 | 管理人员 | 应发合计 | 660205 | 2211 |

09/30 题

操作使用说明：

用户名：005；账套：001；操作日期：2018 年 7 月 1 日。

要求：在"市场人员"工资类别下，设置"事假扣款"工资项目计算公式。

事假扣款 =60× 事假天数

工资超过 3500 元交纳个人所得税。

10/30 题

操作使用说明：

用户名：005；账套：001；操作日期：2018 年 7 月 1 日。

要求：录入固定资产原始卡片，如下表所示。

| 资产类别 | 02 |
|---|---|
| 资产名称 | HP 电脑 |
| 部门名称 | 总经办 |
| 增加方式 | 直接购入 |
| 使用状况 | 在用 |
| 开始使用日期 | 2017-03-01 |
| 原值 | 5000 |
| 累计折旧 | 300 |

11/30 题

操作使用说明：

用户名：005；账套：001；操作日期：2018 年 7 月 1 日。

要求：录入固定资产原始卡片，如下表所示。

| 资产类别 | 02 |
|---|---|
| 资产名称 | EPSON 打印机 |
| 部门名称 | 财务部 |
| 增加方式 | 直接购入 |
| 使用状况 | 在用 |
| 开始使用日期 | 2017-08-25 |
| 原值 | 3000 |
| 累计折旧 | 258 |

12/30 题

操作使用说明：

用户名：001；账套：001；操作日期：2018 年 7 月 1 日。

7 月 1 日，用工商银行存款支付广告费 5000 元，4% 的增值税税率。

要求：填制并保存凭证（摘要：支付广告费；凭证类型：付款凭证）。

13/30 题

操作使用说明：

用户名：001；账套：001；操作日期：2018 年 7 月 2 日。

7 月 2 日，销售部向北京方正公司销售产品 10 台，无税单价 1000 元，增值税税率 16%，收到北京方正公司转账支票支付全部货款，存入工商银行（转账支票号 ZZ001）。

要求：填制凭证（摘要：销售产品；凭证类型：收款凭证）。

14/30 题

操作使用说明：

用户名：001；账套：001；操作日期：2018 年 7 月 3 日。

7 月 3 日，以银行存款缴纳上月未交增值税 28500 元。

要求：填制凭证（摘要：缴纳上月增值税；凭证类型：付款凭证）。

15/30 题

操作使用说明：

用户名：001；账套：001；操作日期：2018 年 7 月 5 日。

7 月 5 日，财务部购入打印机一台，价值 3000 元，增值税税率 4%，工商银行转账支票支付（转账支票号 ZZ002）。

要求：填制凭证（摘要：购入打印机；凭证类型：付款凭证）。

16/30 题

操作使用说明：

用户名：001；账套：001；操作日期：2018 年 7 月 6 日。

7 月 6 日，企业盘亏 A 材料 3 个，单价 60 元，原因已查明，属于自然损耗，经批准后进行处理。

要求：填制发现 A 材料盈亏及经批准进行处理的凭证（摘要：A 材料盘亏及处理盈亏材料；凭证类型：转账凭证）。

17/30 题

操作使用说明：

用户名：001；账套：001；操作日期：2018 年 7 月 8 日。

7 月 8 日，企业收到王某向企业投资的 60000 元，存入工商银行。

要求：填制并保存凭证（摘要：收到投资；凭证类型：收款凭证）。

18/30 题

操作使用说明：

用户名：001；账套：001；操作日期：2018 年 7 月 15 日。

7 月 15 日，购入设备一台，价值 25000，增值税税率 16%，全部款项已用工商银行存款支付（电汇 123）。

要求：填制凭证（摘要：购入设备；凭证类型：付款凭证）。

19/30 题

操作使用说明：

用户名：001；账套：001；操作日期：2018 年 7 月 19 日。

7 月 19 日，采购部门从北京吉利公司购入一批 B 材料，单价 100 元，数量 90 个，增值税税率 16%，材料未到，货款未支付。

要求：填制凭证（摘要：购入原材料；凭证类型：转账凭证）。

20/30 题

操作使用说明：

用户名：001；账套：001；操作日期：2018 年 7 月 22 日。

7 月 22 日，张扬借差旅费现金 500 元。

要求：填制凭证（摘要：预借差旅费；凭证类型：付款凭证）。

21/30 题

操作使用说明：

用户名：001；账套：001；操作日期：2018 年 7 月 28 日。

7 月 28 日，何莹还个人借款现金 5000 元。

要求：填制凭证（摘要：还个人借款；凭证类别：收款凭证）。

22/30 题

操作使用说明：

用户名：002；账套：001；操作日期：2018 年 7 月 31 日。

要求：在"在职人员"工资类别下，修改工资数据，参照下表。

| 人员编码 | 姓名 | 基本工资 | 事假天数 |
|---|---|---|---|
| 101 | 李立 | 6000 | 2 |
| 201 | 荷莹 | 5500 | |
| 301 | 张宇 | 5000 | |

23/30 题

操作使用说明：

用户名：002；账套：001；操作日期：2018 年 7 月 31 日。

要求：在"市场人员"工资类别下，修改工资数据，参照下表。

| 人员编码 | 姓名 | 基本工资 | 事假天数 |
|---|---|---|---|
| 401 | 张扬 | 5000 | |
| 501 | 王琪 | 5000 | 5 |
| 601 | 赵伟 | 4000 | |

24/30 题

操作使用说明：

用户名：005；账套：001；操作日期：2018 年 7 月 31 日。

要求：在"在职人员"工资类别下进行如下设置。

（1）设置"奖金"工资项目计算公式。

总经办奖金为 3000 元，人力资源部奖金为 2000 元，其他奖金为 1000 元。

（2）工资变动数据重新计算，做人力资源部工资分摊凭证。

25/30 题

操作使用说明：

用户名：005；账套：001；操作日期：2018 年 7 月 31 日。

要求：计提本月固定资产折旧，生成凭证。

26/30 题

操作使用说明：

用户名：002；账套：001；操作日期：2018 年 7 月 31 日。

要求：对所有凭证进行审核、记账。

27/30 题

操作使用说明：

用户名：005；账套：001；操作日期：2018 年 7 月 31 日。

要求：自动"结转损益"，生成凭证。

28/30 题

操作使用说明：

用户名：002；账套：001；操作日期：2018 年 7 月 31 日。

要求：对新生成凭证进行审核、记账。

29/30 题

操作使用说明：

用户名：005；账套：001；操作日期：2018 年 7 月 31 日。

要求：打开考生文件夹 "D:\dkks\CbtesExam\ERP021\" 下的 "资产负债表 –07.rep"，完成下列操作后，将报表保存到 "D:\ 自己名 03\ 北京飞虎科技资产负债表 –07.rep"。

（1）设置 "应收账款" 期末金额的计算公式。

（2）设置 "资产合计" 期末金额的计算公式。

30/30 题

操作使用说明：

用户名：005；账套：001；操作日期：2018 年 7 月 31 日。

要求：打开考生文件夹 "D:\dkks\CbtesExam\ERP022\" 下的 "利润表 –07.rep"，将报表保存到 "D:\ 自己名 03\ 北京飞虎科技利润表 –07.rep"。

（1）设置 "营业成本" 本期数的计算公式。

（2）设置 "利润总额" 累计发生的计算公式。

## 试题四

考前要求：1. 先在 D 盘建立文件夹，名称为"自己名 04"。

2. 恢复 D:\zw04 文件夹下的账套数据。

3. 做完后：数据备份，并将数据存到" D:\ 自己名 04"。

答题时间 60 分钟。

01/30 题

要求：权限设置，如下表所示。

| 编码 | 姓名 | 权限 |
|------|------|------|
| 001 | 刘月 | 具有"001 账套"的"总账、固定资产、工资管理"模块的操作权限 |

02/30 题

操作使用说明：

用户名：002；账套：001；操作日期：2018 年 7 月 1 日。

要求：设置外币及汇率，如下表所示。

| 币别 | 币名 | 7 月份记账汇率（浮动汇率） |
|------|------|------|
| USD | 美元 | 7.8 |

03/30 题

操作使用说明：

用户名：002；账套：001；操作日期：2018 年 7 月 1 日。

要求：银行存款期初录入数据（工行存款）。

银行存款日记账期初余额为 196000 元,银行对账单期初余额为 200000 元, 有银行已收而企业未收的 4000 元。

04/30 题

操作使用说明：

用户名：002；账套：001；操作日期：2018 年 7 月 1 日。

要求：设置常用摘要。

01　材料采购

05/30 题

操作使用说明：

用户名：002；账套：001；操作日期：2018 年 7 月 1 日。

要求：付款条件设置。

001　3/15，2/25，N/40。

06/30 题

操作使用说明：

用户名：002；账套：001；操作日期：2018 年 7 月 1 日。

要求：增加客户档案，如下表所示。

| 客户编码 | 客户名称 | 客户简称 | 地址 |
|---|---|---|---|
| 002 | 大连海洋公司 | 大连海洋 | 中山路 8 号 |

07/30 题

操作使用说明：

用户名：002；账套：001；操作日期：2018 年 7 月 1 日。

要求：设置会计科目，如下表所示。

| 科目编码 | 科目名称 | 辅助核算 / 其他 |
|---|---|---|
| 140202 | 材料 B | 数量核算（单位：个） |
| 140301 | 1# 材料 | 数量核算（单位：个） |

08/30 题

操作使用说明：

用户名：002；账套：001；操作日期：2018 年 7 月 1 日。

要求：设置会计科目，如下表所示。

| 科目编码 | 科目名称 | 辅助核算 / 其他 |
|---|---|---|
| 100203 | 北京银行账户 | 日记账、银行账 |
| 660101 | 工资 | |

09/30 题

操作使用说明：

用户名：002；账套：001；操作日期：2018 年 7 月 1 日。

要求：在"在职人员"工资类别下，定义工资分摊公式，参照下表。

| 计提类型名称 | 计提比例 | 部门名称 | 人员类别 | 项目 | 借方科目 | 贷方科目 |
|---|---|---|---|---|---|---|
| 在职人员工资分摊 | 100% | 总经办、人力资源部 | 管理人员 | 应发合计 | 660205 | 2211 |

10/30 题

操作使用说明：

用户名：002；账套：001；操作日期：2018 年 7 月 1 日。

要求：在"市场人员"工资类别下，定义工资分摊公式，参照下表。

| 计提类型名称 | 计提比例 | 部门名称 | 人员类别 | 项目 | 借方科目 | 贷方科目 |
|---|---|---|---|---|---|---|
| 市场人员工资分摊 | 100% | 销售部 | 采购人员 | 应发合计 | 660205 | 2211 |
| | 100% | 生产部 | 生产人员 | 应发合计 | 505051 | 2211 |

11/30 题

操作使用说明：

用户名：002；账套：001；操作日期：2018 年 7 月 1 日。

要求：在"市场人员"工资类别下，设置"事假扣款"工资项目计算公式。

事假扣款 =55× 事假天数

工资超过 3500 元交纳个人所得税。

12/30 题

操作使用说明：

用户名：002；账套：001；操作日期：2018 年 7 月 6 日。

要求：固定资产增加卡片，如下表所示。

| 资产类别 | 02 |
|---|---|
| 资产名称 | SONY 电脑 |
| 部门名称 | 总经办 |
| 增加方式 | 直接购入 |
| 使用状况 | 在用 |
| 开始使用日期 | 2017-07-06 |
| 原值 | 10000 |
| 折旧方法 | 年数总和法 |

13/30 题

操作使用说明：

用户名：002；账套：001；操作日期：2018 年 7 月 6 日。

要求：在"固定资产—批量制单"下做凭证。

7 月 6 日，总经办购 SONY 电脑，不含税价款 5000 元，4% 的增值税税率，用工商银行存款支付。

（摘要：总经办购 SONY 电脑；凭证类型：付款凭证）。

14/30 题

操作使用说明：

用户名：002；账套：001；操作日期：2018 年 7 月 8 日。

7 月 8 日，采购部门从北京吉利公司购入一批材料 A，1000 个，不含税单价 80 元，增值税税率 16%，材料入库，货款用商业汇票支付。

要求：填制凭证（摘要：购原材料；凭证类型：转账凭证）。

15/30 题

操作使用说明：

用户名：002；账套：001；操作日期：2018 年 7 月 9 日。

7 月 9 日，财务部购入 HP 打印机一台，价值 4000 元，增值税税率 4%，工商银行转账支票支付（转账支票号 ZZ001）。

要求：填制凭证（摘要：购入 HP 打印机；凭证类型：付款凭证）。

16/30 题

操作使用说明：

用户名：002；账套：001；操作日期：2018 年 7 月 5 日。

7 月 5 日，企业销售产品 900000 元，增值税税率 16%，货款全部存入工商银行。

要求：填制凭证（摘要：销售产品；凭证类型：收款凭证）。

17/30 题

操作使用说明：

用户名：002；账套：001；操作日期：2018 年 7 月 12 日。

7 月 12 日，王某用生产设备向企业投资，价值 700000 元，收到增值税专用发票，注明使用 16% 增值税税率。

要求：填制并保存凭证（摘要：王某投资设备；凭证类型：转账凭证）。

18/30 题

操作使用说明：

用户名：002；账套：001；操作日期：2018 年 7 月 15 日。

7 月 15 日，购入设备一台，价值 60000，增值税税率 16%，用工商银行存款支付（电汇 DH001）。

要求：填制凭证（摘要：购入设备；凭证类型：付款凭证）。

19/30 题

操作使用说明：

用户名：002；账套：001；操作日期：2018 年 7 月 19 日。

7 月 19 日，采购部门从北京吉利公司购入一批 B 材料，单价 200 元，数量 100 个，增值税税率 16%，材料未到，货款未支付。

要求：填制凭证（摘要：购入原材料；凭证类型：转账凭证）。

20/30 题

操作使用说明：

用户名：002；账套：001；操作日期：2018 年 7 月 31 日。

要求：在"在职人员"工资类别下，修改工资数据，参照下表。

| 人员编码 | 姓名 | 基本工资 | 事假天数 |
| --- | --- | --- | --- |
| 051 | 李立 | 6000 | 2 |
| 201 | 荷莹 | 5500 | |
| 301 | 张宇 | 5000 | |

21/30 题

操作使用说明：

用户名：002；账套：001；操作日期：2018 年 7 月 31 日。

要求：在"在职人员"工资类别下进行如下设置。

（1）设置"奖金"工资项目计算公式。

管理人员为3000元，财务人员为1000元。

（2）工资变动数据重新计算汇总，做总经办和人力资源部工资分摊凭证。

22/30题

操作使用说明：

用户名：002；账套：001；操作日期：2018年7月31日。

要求：在"市场人员"工资类别下进行如下设置。

（1）设置"奖金"工资项目计算公式。

采购人员为3000元，销售人员为2000，财务人员为1000元。

（2）工资变动数据重新计算，做销售部、生产部工资分摊凭证。

23/30题

操作使用说明：

用户名：001；账套：001；操作日期：2018年7月31日。

要求：对所有凭证进行审核、记账。

24/30题

操作使用说明：

用户名：002；账套：001；操作日期：2018年7月31日。

7月31日，企业发工资200000元，用工商银行存款支付。

要求：填制凭证（摘要：发工资；凭证类型：付款凭证）。

25/30题

操作使用说明：

用户名：002；账套：001；操作日期：2018年7月31日。

要求：

（1）计提固定资产折旧。

（2）自动"结转损益"，生成凭证。

26/30题

操作使用说明：

用户名：001；账套：001；操作日期：2018年7月31日。

要求：对新生成的凭证进行审核、记账。

27/30题

操作使用说明：

用户名：002；账套：001；操作日期：2018年7月31日。

要求：利用"一般企业（资产负债表）"自动生成"北京飞虎科技 2018 年 7 月资产负债表"数据，将报表另存为"D:\ 自己名 04\ 飞虎科技资产负债表 .rep"。

28/30 题

操作使用说明：

用户名：002；账套：001；操作日期：2018 年 7 月 31 日。

要求：利用"一般企业（利润表）"自动生成"北京飞虎科技 2018 年 7 月利润表"数据，将报表另存为"D:\ 自己名 04\ 飞虎科技利润表 .rep"。

29/30 题

操作使用说明：

用户名：002；账套：001；操作日期：2018 年 7 月 31 日。

要求：月末发现 7 月 19 日采购 B 材料业务出现问题，将该凭证删除。

30/30 题

操作使用说明：

用户名：002；账套：001；操作日期：2018 年 7 月 31 日

要求：对"固定资产、工资、总账"系统进行结账。

# 试题五

考前要求：1. 先在 D 盘建立文件夹，名称为"自己名 05"。

2. 恢复 D:\zw05 文件夹下的账套数据。

3. 做完后：数据备份，并将数据存到"D:\ 自己名 05"。

答题时间 60 分钟。

01/30 题

要求：权限设置，如下表所示。

| 编码 | 姓名 | 权限 |
| --- | --- | --- |
| 001 | 方芳芳 | 具有"001 账套"的"总账、固定资产、工资管理"模块的操作权限 |

02/30 题

要求：设置备份计划。

（1）设置"001 飞虎科技数据"。

（2）对会计数据进行备份，发生天数为每天，从 16:30 开始，有效触发时间为 3 小时，数据保留 5 天。

（3）对"飞虎科技公司"会计数据进行备份，数据保存到"D：\ZW05"路径下。

03/30 题

操作使用说明：

用户名：002；账套：001；操作日期：2018 年 7 月 1 日。

要求：增加客户档案，如下表所示。

| 客户编码 | 客户名称 | 客户简称 | 地址 |
|---|---|---|---|
| 002 | 大连远东公司 | 大连远东 | 八一路 88 号 |

04/30 题

操作使用说明：

用户名：002；账套：001；操作日期：2018 年 7 月 1 日。

要求：设置外币及汇率，如下表所示。

| 币别 | 币名 | 7月份记账汇率（浮动汇率） |
|---|---|---|
| USD | 美元 | 6.185 |

05/30 题

操作使用说明：

用户名：002；账套：001；操作日期：2018 年 7 月 1 日。

要求：设置"开户银行"。

001　工商银行黑石礁支行　账号：6022355588

06/30 题

操作使用说明：

用户名：002；账套：001；操作日期：2018 年 7 月 1 日。

要求：设置会计科目，如下表所示。

| 科目编码 | 科目名称 | 辅助核算 / 其他 |
|---|---|---|
| 140301 | 材料 A | 数量核算（单位：个） |
| 660101 | 工资 | |
| 510101 | 工资 | |

07/30 题

操作使用说明：

用户名：002；账套：001；操作日期：2018 年 7 月 1 日。

要求：录入期初余额，如下表所示。

| 科目编码 | 科目名称 | 方向 | 余额 |
|---|---|---|---|
| 1001 | 库存现金 | 借 | 400000 |
| 2001 | 短期借款 | 贷 | 200000 |
| 4001 | 实收资本 | 贷 | 253000 |

08/30 题

操作使用说明：

用户名：002；账套：001；操作日期：2018 年 7 月 1 日。

要求：录入期初余额，完成后对账、试算，参照下表。

| 科目编码 | 科目名称 | 余额 | | |
|---|---|---|---|---|
| 1221 | 其他应收款 | （总经办李立、其他款、2017-12-12） | 借 | 3000 |
| 1122 | 应收账款 | （大连远东、应收款、2017-12-25） | 借 | 50000 |

09/30 题

操作使用说明：

用户名：002；账套：001；操作日期：2018 年 7 月 1 日。

要求：在工资系统中，设置银行名称。

修改工商银行为工商银行黑石礁支行，账号长度 10 位。

10/30 题

操作使用说明：

用户名：002；账套：001；操作日期：2018 年 7 月 1 日。

要求：在"在职人员"工资类别下，定义工资分摊公式，参照下表。

| 计提类型名称 | 计提比例 | 部门名称 | 人员类别 | 项目 | 借方科目 | 贷方科目 |
|---|---|---|---|---|---|---|
| 在职人员工资分摊 | 100% | 总经办 | 管理人员 | 应发合计 | 管理费用——工资 | 应付职工薪酬 |

11/30 题

操作使用说明：

用户名：002；账套：001；操作日期：2018 年 7 月 1 日。

要求：在"市场人员"工资类别下，定义工资分摊公式，参照下表。

| 计提类型名称 | 计提比例 | 部门名称 | 人员类别 | 项目 | 借方科目 | 贷方科目 |
|---|---|---|---|---|---|---|
| 市场人员工资分摊 | 100% | 销售部 | 销售人员 | 应发合计 | 销售费用——工资 | 应付职工薪酬 |

12/30 题

操作使用说明：

用户名：002；账套：001；操作日期：2018 年 7 月 1 日。

要求：在"市场人员"工资类别下，设置"事假扣款"工资项目计算公式。

事假扣款 =65× 事假天数

工资超过 3500 元交纳个人所得税。

13/30 题

操作使用说明：

用户名：002；账套：001；操作日期：2018 年 7 月 1 日。

要求：固定资产原始数据，如下表所示。

| 固定资产类别 | 办公设备 |
|---|---|
| 固定资产名称 | DELL 电脑 |
| 使用部门 | 总经办 |
| 增加方式 | 购入 |
| 使用状况 | 在用 |
| 使用年限 | 5 年，总 10000 小时，已用 2000 小时（工作量单位：小时） |
| 折旧方法 | 工作量法 |
| 开始使用日期 | 2014-08-10 |
| 原值 | 400000 |
| 累计折旧 | 78400 |
| 净残值率 | 3% |
| 对应折旧科目 | 管理费用——折旧费 |

14/30 题

操作使用说明：

用户名：002；账套：001；操作日期：2018 年 7 月 6 日。

7 月 6 日，人力资源部购 SONY 电脑，不含税价款 8000 元，4% 的增值税税率，用工商银行存款支付。

要求：填制凭证（摘要：人力资源部购 SONY 电脑；凭证类型：付款凭证）。

15/30 题

操作使用说明：

用户名：002；账套：001；操作日期：2018 年 7 月 8 日。

7 月 8 日，向大连远东公司销售一批材料 A、1000 个，不含税单价 80 元，增值税税率 16%，款未收到。

要求：填制凭证（摘要：销售原材料；凭证类型：转账凭证）。

16/30 题

操作使用说明：

用户名：002；账套：001；操作日期：2018 年 7 月 10 日。

7 月 10 日，销售产品 50000 元，增值税税率 16%，货款全部存入工商银行。

要求：填制凭证（摘要：销售产品；凭证类型：收款凭证）。

17/30 题

操作使用说明：

用户名：002；账套：001；操作日期：2018 年 7 月 12 日。

7 月 12 日，王某给企业投资，资金 800000 元存入工商银行。

要求：填制并保存凭证（摘要：王某投资；凭证类型：收款凭证）。

18/30 题

操作使用说明：

用户名：002；账套：001；操作日期：2018 年 7 月 15 日。

7 月 15 日，生产部购入设备一台，价值 400000，增值税税率 16%，用工商银行存款支付（转账支票 ZZ001）。

要求：填制凭证（摘要：购入设备；凭证类型：付款凭证）。

19/30 题

操作使用说明：

用户名：002；账套：001；操作日期：2018 年 7 月 19 日。

7 月 19 日，以现金支付行政管理部门招待来访客户费用 450 元。

要求：填制凭证（摘要：支付招待费；凭证类型：付款凭证）。

20/30 题

操作使用说明：

用户名：002；账套：001；操作日期：2018 年 7 月 31 日。

要求：在"在职人员"工资类别下，修改工资数据，参照下表。

| 人员编码 | 姓名 | 基本工资 | 事假天数 |
|---|---|---|---|
| 101 | 李立 | 5500 | |
| 201 | 荷莹 | 5500 | |
| 301 | 张宇 | 5000 | 3 |

21/30 题

操作使用说明：

用户名：002；账套：001；操作日期：2018 年 7 月 31 日。

公司月末进行库存现金清查，现金日记账金额为 1150 元，实有金额为 1080 元，原因待查。

要求：填制凭证（摘要：现金清查）。

22/30 题

操作使用说明：

用户名：002；账套：001；操作日期：2018 年 7 月 31 日。

经查明，企业短缺的现金系财务部出纳保管不善造成，应由其全部赔偿。

要求：填制凭证（摘要：现金清查进行处理）。

23/30 题

操作使用说明：

用户名：002；账套：001；操作日期：2018 年 7 月 31 日。

财务部门购入办公用电脑 1 台，价值 7000 元，增值税 1120 元，预计使用 5 年，净残值率为 3%，按平均年限法提取折旧。

要求：在固定资产模块下填制凭证。

24/30 题

操作使用说明：

用户名：002；账套：001；操作日期：2018 年 7 月 31 日。

要求：自动转账（定义并做凭证）。

月末按短期借款的年利率 3‰ 计算借款利息。

（摘要：计算短期借款利息　转账凭证）

25/30 题

操作使用说明：

用户名：002；账套：001；操作日期：2018 年 7 月 31 日。

要求：计提固定资产折旧。

26/30 题

操作使用说明：

用户名：001；账套：001；操作日期：2018 年 7 月 31 日。

要求：对所有凭证进行审核、记账。

27/30 题

操作使用说明：

用户名：002；账套：001；操作日期：2018 年 7 月 31 日。

要求：自动"结转损益"。

28/30 题

操作使用说明：

用户名：001；账套：001；操作日期：2018 年 7 月 31 日。

要求：对结账损益后新生成的凭证进行审核、记账。

29/30 题

操作使用说明：

用户名：002；账套：001；操作日期：2018 年 7 月 31 日。

要求：打开考生文件夹"D:\dkks\CbtesExam\ERP021\"下的"资产负债表 –07.rep"，完成下列操作后，将报表保存到"D:\ 自己名 05\ 北京飞虎科技资产负债表 –07.rep"。

（1）设置"存货"期末金额的计算公式。

（2）设置"应付账款"期末金额的计算公式。

30/30 题

操作使用说明：

用户名：002；账套：001；操作日期：2018 年 7 月 31 日。

要求：打开考生文件夹"D:\dkks\CbtesExam\ERP022\"下的"利润表 –07.rep"，将报表保存到"D:\ 自己名 05\ 北京飞虎科技利润表 –07.rep"。

（1）设置"管理费用"本期数的计算公式。

（2）设置"所得税费用"累计发生的计算公式。

# 试题六

考前要求：1. 先在 D 盘建立文件夹，名称为"自己名 06"。

2. 恢复 D:\zw06 文件夹下的账套数据。

3. 做完后：数据备份，并将数据存到"D:\ 自己名 06"。

答题时间 60 分钟。

01/30 题

要求：增加操作员，如下表所示。

| 编码 | 姓名 | 口令 | 所属部门 |
| --- | --- | --- | --- |
| 10 | 赵名 | 10 | 办公室 |

02/30 题

要求：设置刘月具有"001 账套"的"总账、固定资产"模块的操作权限。

03/30 题

操作使用说明：

用户名：002；账套：001；操作日期：2018 年 7 月 1 日。

要求：启用其他所有模块。

04/30 题

操作使用说明：

用户名：002；账套：001；操作日期：2018 年 7 月 1 日。

要求：设置外币及汇率，如下表所示。

| 币别 | 币名 | 7 月份记账汇率（浮动汇率） |
| --- | --- | --- |
| AUD | 澳元 | 5.6 |

05/30 题

操作使用说明：

用户名：002；账套：001；操作日期：2018 年 7 月 1 日。

要求：增加部门档案，如下表所示。

| 部门编码 | 部门名称 | 部门属性 |
| --- | --- | --- |
| 4 | 采购部 | 采购管理 |

06/30 题

操作使用说明：

用户名：002；账套：001；操作日期：2018 年 7 月 1 日。

要求：增加供应商档案，如下表所示。

| 供应商编码 | 供应商名称 | 供应商简称 | 地址 |
|---|---|---|---|
| 004 | 天津启明公司 | 天津启明 | 天津河西区 220 号 |

07/30 题

操作使用说明：

用户名：002；账套：001；操作日期：2018 年 7 月 1 日。

要求：设置会计科目，如下表所示。

| 科目编码 | 科目名称 | 辅助核算 / 其他 |
|---|---|---|
| 140301 | 材料 A | 数量核算（单位：个） |

08/30 题

操作使用说明：

用户名：002；账套：001；操作日期：2018 年 7 月 1 日。

要求：设置会计科目，如下表所示。

| 科目编码 | 科目名称 | 辅助核算 / 其他 |
|---|---|---|
| 100203 | 农业银行 | 银行账 |
| 1604 | 在建工程 | 项目核算 |

09/30 题

操作使用说明：

用户名：002；账套：001；操作日期：2018 年 7 月 1 日。

要求：在"在职人员"工资类别下，定义工资分摊公式，参照下表。

| 计提类型名称 | 计提比例 | 部门名称 | 人员类别 | 项目 | 借方科目 | 贷方科目 |
|---|---|---|---|---|---|---|
| 工资分摊 | 100% | 总经办、人力资源部、财务部 | 管理人员 | 应发合计 | 660205 | 2211 |

10/30 题

操作使用说明：

用户名：002；账套：001；操作日期：2018 年 7 月 1 日。

要求：在"市场人员"工资类别下，设置"奖金"工资项目计算公式。

销售部门奖金为 1000 元，生产部门奖金为 1200 元，其他部门奖金为 500 元。

11/30 题

操作使用说明：

用户名：002；账套：001；操作日期：2018 年 7 月 1 日。

要求：在"市场人员"工资类别下，设置"事假扣款"工资项目计算公式。

事假扣款 =35× 事假天数

12/30 题

操作使用说明：

用户名：001；账套：001；操作日期：2018 年 7 月 1 日。

要求：固定资产原始数据，如下表所示。

| 资产类别 | 02 |
|---|---|
| 资产名称 | HP 电脑 |
| 部门名称 | 人力资源部 |
| 增加方式 | 直接购入 |
| 使用状况 | 在用 |
| 开始使用日期 | 2017-12-05 |
| 原值 | 5000 |
| 累计折旧 | 869 |
| 折旧方法 | 双倍余额递减法 |

13/30 题

操作使用说明：

用户名：001；账套：001；操作日期：2018 年 7 月 1 日。

要求：录入固定资产原始卡片，如下表所示。

| 资产类别 | 02 |
|---|---|
| 资产名称 | EPSON 打印机 |
| 部门名称 | 财务部 |
| 增加方式 | 直接购入 |
| 使用状况 | 在用 |
| 开始使用日期 | 2017-12-25 |
| 原值 | 2000 |
| 累计折旧 | 189.6 |
| 折旧方法 | 年数总和法 |

14/30 题

操作使用说明：

用户名：001；账套：001；操作日期：2018 年 7 月 1 日。

7 月 1 日，联想公司为我公司捐赠 5 台服务器，价值 60000 元，增值税税率 16%。

要求：填制并保存凭证（摘要：联想公司捐赠；凭证类型：转账凭证）。

15/30 题

操作使用说明：

用户名：001；账套：001；操作日期：2018 年 7 月 3 日。

7月3日，销售部向北京方正公司销售PNP产品10台，无税单价1000元，增值税税率16%，收到北京方正公司转账支票支付全部货款，存入银行（转账支票号ZZ001）。

要求：填制凭证（摘要：销售产品；凭证类型：收款凭证）。

16/30题

操作使用说明：

用户名：001；账套：001；操作日期：2018年7月5日。

7月5日，采购部门从北京吉利公司购入一批原材料，材料入库同时收到采购专用发票，发票载明：材料A 600个，无税单价200元，增值税税率16%，货款尚未支付。

要求：填制凭证（摘要：购入原材料；凭证类型：转账凭证）。

17/30题

操作使用说明：

用户名：001；账套：001；操作日期：2018年7月7日。

7月7日，财务部购入电脑一台，价格4000元，增值税税率4%，工商银行现金支票支付（现金支票号XJ001）。

要求：填制凭证（摘要：购入电脑；凭证类型：付款凭证）。

18/30题

操作使用说明：

用户名：001；账套：001；操作日期：2018年7月8日。

要求：修改"付0001"号凭证，电脑价格6500元，同时调整税额。

19/30题

操作使用说明：

用户名：001；账套：001；操作日期：2018年7月8日。

要求：删除"转0001"号凭证。

20/30题

操作使用说明：

用户名：001；账套：001；操作日期：2018年7月10日。

7月10日，销售部王琪预借差旅费现金1000元。

要求：填制凭证（摘要：预借差旅费；凭证类型：付款凭证）。

21/30题

操作使用说明：

用户名：001；账套：001；操作日期：2018年7月12日。

7月12日，收到甲企业投入的新设备一台，价值650000元，增值税税率 16%。

要求：填制凭证（摘要：甲企业投资；凭证类型：转账凭证）。

22/30 题

操作使用说明：

用户名：001；账套：001；操作日期：2018 年 7 月 15 日。

7 月 15 日，采购部购置不需要安装的设备一台，价值 750000，增值税税率 16%，全部款项已用工商银行存款支付（电汇 DH001）。

要求：填制凭证（摘要：购入设备；凭证类型：付款凭证）。

23/30 题

操作使用说明：

用户名：001；账套：001；操作日期：2018 年 7 月 17 日。

7 月 17 日，人力资源部何莹还之前的个人借款现金 6000 元。

要求：填制凭证（摘要：何莹还借款；凭证类别：收款凭证）。

24/30 题

操作使用说明：

用户名：002；账套：001；操作日期：2018 年 7 月 31 日。

要求：将所有凭证审核、记账。

25/30 题

操作使用说明：

用户名：001；账套：001；操作日期：2018 年 7 月 31 日。

要求：冲销"付 0001"号凭证。

26/30 题

操作使用说明：

用户名：001；账套：001；操作日期：2018 年 7 月 31 日。

要求：计提本月固定资产折旧，生成转账凭证。

27/30 题

操作使用说明：

用户名：002；账套：001；操作日期：2018 年 7 月 31 日。

要求：将新生成的凭证审核、记账。

28/30 题

操作使用说明：

用户名：001；账套：001；操作日期：2018 年 7 月 31 日。

要求：设置资产变动。

将固定资产打印机由财务部转到总经办，变动原因为办公设备调配。

29/30 题

操作使用说明：

用户名：002；账套：001；操作日期：2018 年 7 月 31 日。

要求： 打开 "D:\dkks\CbtesExam\ERP021\" 下的 "资产负债表 –06.rep"，完成下列操作后，将报表另存为 "D:\zw06\ 北京飞虎科技资产负债表 –06.rep"。

（1）设置 "其他应收款" 的期末数计算公式。

（2）设置 "应付账款" 的期末数计算公式。

30/30 题

操作使用说明：

用户名：002；账套：001；操作日期：2018 年 7 月 31 日。

要求：打开 "D:\dkks\CbtesExam\ERP022\" 下的 "利润表 –06.rep"，将报表另存为 "D:\zw06\ 北京飞虎科技利润表 –06.rep"。

（1）设置 "管理费用" 的累计计算公式。

（2）设置 "销售费用" 的本期计算公式。

# 试题七

考前要求：1. 先在 D 盘建立文件夹，名称为 "自己名 07"。

2. 恢复 D:\zw07 文件夹下的账套数据。

3. 做完后：数据备份，并将数据存到 "D:\ 自己名 07"。

01/30 题

要求：增加操作员，如下表所示。

| 编号 | 姓名 | 口令 |
|------|------|------|
| 001 | 刘月 | 01 |
| 002 | 王宇 | 02 |

02/30 题

要求：设置 "001 刘月" 具有 "130 账套" 的 "审核凭证" "记账" 的操作权限。

03/30 题

操作使用说明：

用户名：002；账套：130；操作日期：2018 年 5 月 1 日。

要求：设置外币及汇率，如下表所示。

| 币别 | 币名 | 7 月份记账汇率 |
|------|------|----------------|
| AUD | 澳元 | 5.6 |

04/30 题

操作使用说明：

用户名：002；账套：130；操作日期：2018 年 5 月 1 日。

要求：增加部门档案，如下表所示。

| 部门编码 | 部门名称 | 部门属性 |
|---|---|---|
| 1 | 总经办 | |
| 2 | 人力资源部 | |
| 3 | 财务部 | |
| 4 | 采购部 | 采购管理 |
| 5 | 销售部 | |
| 6 | 生产部 | |

05/30 题

操作使用说明：

用户名：002；账套：130；操作日期：2018 年 5 月 1 日。

要求：增加职员档案，如下表所示。

| 职员编号 | 职员名称 | 所属部门 | 人员类别 |
|---|---|---|---|
| 101 | 李立 | 总经办 | 管理人员 |
| 201 | 何莹 | 人力资源部 | 管理人员 |
| 301 | 张宇 | 财务部 | 管理人员 |
| 401 | 张扬 | 销售部 | 销售人员 |
| 501 | 王琪 | 销售部 | 销售人员 |
| 601 | 赵伟 | 生产部 | 生产人员 |

06/30 题

操作使用说明：

用户名：002；账套：130；操作日期：2018 年 5 月 1 日。

要求：增加客户档案，如下表所示。

| 客户编码 | 客户名称 | 客户简称 | 地址 |
|---|---|---|---|
| 001 | 北京方正公司 | 北京方正 | |

07/30 题

操作使用说明：

用户名：002；账套：130；操作日期：2018 年 5 月 1 日。

要求：增加供应商档案，如下表所示。

| 供应商编码 | 供应商名称 | 供应商简称 | 地址 |
|---|---|---|---|
| 001 | 天津启明公司 | 天津启明 | 天津河西区 220 号 |
| 002 | 联想公司 | 联想 | |
| 003 | 北京吉利公司 | 吉利 | |
| 004 | 甲公司 | 甲公司 | |

08/30 题

操作使用说明：

用户名：002；账套：130；操作日期：2018 年 5 月 1 日。

要求：设置会计科目，如下表所示。

| 科目编码 | 科目名称 | 辅助核算／其他 |
|---|---|---|
| 100201 | 工商银行 | 银行账 |
| 100202 | 中国银行 | 银行账 |
| 100203 | 农业银行 | 银行账 |
| 1221 | 其他应收款 | 个人往来 |
| 140301 | 材料 A | 数量核算（单位：个） |
| 1604 | 在建工程 | 项目核算 |
| 222101 | 应交增值税 | |
| 22210101 | 进项税额 | |
| 22210102 | 销项税额 | |
| 660103 | 折旧费 | |
| 660205 | 工资 | |
| 660206 | 折旧费 | |

09/30 题

操作使用说明：

用户名：002；账套：130；操作日期：2018 年 5 月 1 日。

要求：设置结算方式。

现金支票、转账支票、电汇。

10/30 题

操作使用说明：

用户名：002；账套：130；操作日期：2018 年 5 月 1 日。

要求：设置工资。

1. 设置工资管理系统参数

工资类别：多个

核算：人民币

代扣：自动从工资中代扣个人所得税

不进行扣零设置

人员编码长度：3 位

2. 建立工资类别

生产人员　　分布在生产部

在职人员　　分布在各个部门

市场人员　　　分布在采购部和销售部

3. 人员类别

管理人员、财务人员、采购人员、销售人员、生产人员

4. 工资项目，如下表所示。

| 工资项目 | 整数位 | 小数 | 增减 |
|---|---|---|---|
| 基本工资 | 8 | 2 | 增项 |
| 奖金 | 8 | 2 | 增项 |
| 应发合计 | 默认 | 默认 | 默认 |
| 养老保险 | 8 | 2 | 减项 |
| 扣款合计 | 默认 | 默认 | 默认 |
| 代扣税 | 默认 | 默认 | 默认 |
| 实发合计 | 默认 | 默认 | 默认 |

11/30 题

操作使用说明：

用户名：002；账套：130；操作日期：2018 年 5 月 1 日。

要求：在"在职人员"工资类别下，批量引入人员（根据第 5 题表格内容修改人员类别），定义工资分摊公式，参照下表。

| 计提类型名称 | 计提比例 | 部门名称 | 人员类别 | 项目 | 借方科目 | 贷方科目 |
|---|---|---|---|---|---|---|
| 工资分摊 | 100% | 总经办、人力资源部、财务部 | 管理人员 | 应发合计 | 660205 | 2211 |

12/30 题

操作使用说明：

用户名：002；账套：130；操作日期：2018 年 5 月 1 日。

要求：在"在职人员"工资类别下（依据 10 题工资项目设定在职人员工资项目），设置"奖金"工资项目计算公式。

销售部门奖金为 1200 元，生产部为 900 元，其他部门奖金为 500 元。

13/30 题

操作使用说明：

用户名：002；账套：130；操作日期：2018 年 5 月 1 日。

要求：设置固定资产。

启用会计期：2018 年 5 月

折旧方法：平均年限法一

编码方式：2-1-1-2

编号：自动编号（类别编码＋序号）

与总账系统对账：固定资产 1601，累计折旧 1602，对账不平衡的情况下允许固定资产结账。

固定资产类别：

    01   房屋及建筑物     30 年    平均年限法一

    02   办公设备        5 年    平均年限法一

14/30 题

操作使用说明：

用户名：002；账套：130；操作日期：2018 年 5 月 1 日。

要求：录入固定资产原始数据，如下表所示。

| 资产类别 | 02 |
|---|---|
| 资产名称 | HP 电脑 |
| 部门名称 | 人力资源部 |
| 增加方式 | 直接购入 |
| 使用状况 | 在用 |
| 开始使用日期 | 2016-12-05 |
| 原值 | 5000 |
| 累计折旧 | 869 |
| 折旧方法 | 年数总和法 |
| 折旧对应会计科目 | 管理费用——折旧费 |

15/30 题

操作使用说明：

用户名：002；账套：130；操作日期：2018 年 5 月 1 日。

5 月 1 日，联想公司为本公司捐赠 5 台服务器，价值 60000 元，增值税税率 16%。

要求：填制并保存凭证（摘要：联想公司捐赠；凭证类型：转账凭证）。

16/30 题

操作使用说明：

用户名：002；账套：130；操作日期：2018 年 5 月 3 日。

5 月 3 日，销售部向北京方正公司销售 PNP 产品 10 台，无税单价 1000 元，增值税税率 16%，收到北京方正公司转账支票支付全部货款，存入工商银行（转账支票号 ZZ001）。

要求：填制凭证（摘要：销售 A 产品；凭证类型：收款凭证）。

17/30 题

操作使用说明：

用户名：002；账套：130；操作日期：2018 年 5 月 5 日。

5 月 5 日，采购部门从北京吉利公司购入一批原材料，材料入库同时收到采购专用发票，发票载明：材料 A 600 个，无税单价 200 元，增值税税率 16%，货款尚未支付。

要求：填制凭证（摘要：购入原材料；凭证类型：转账凭证）。

18/30 题

操作使用说明：

用户名：002；账套：130；操作日期：2018 年 5 月 7 日。

5 月 7 日，财务部购入 IBM 电脑一台，价格 4000 元，增值税税率 4%，工商银行现金支票支付（现金支票号 XJ001）。

要求：填制凭证（摘要：购入 IBM 电脑；凭证类型：付款凭证）。

19/30 题

操作使用说明：

用户名：002，账套：130；操作日期：2018 年 5 月 8 日。

要求：修改"付 0001"号凭证，5 月 7 日，IBM 电脑价格应为 6500 元，同时调整税额。

20/30 题

操作使用说明：

用户名：002；账套：130；操作日期：2018 年 5 月 10 日。

5 月 10 日，销售部王琪预借差旅费现金 1000 元。

要求：填制凭证（摘要：预借差旅费；凭证类型：付款凭证）。

21/30 题

操作使用说明：

用户名：002；账套：130；操作日期：2018 年 5 月 12 日。

5 月 12 日，收到甲企业投资的新设备一台，价值 70000 元，增值税税率 16%。

要求：填制凭证（摘要：甲企业投资；凭证类型：转账凭证）。

22/30 题

操作使用说明：

用户名：002；账套：130；操作日期：2018 年 5 月 15 日。

5 月 15 日，采购部购置不需要安装的设备一台，价值 750000，增值税税率 16%，全部款项已用工商银行存款支付（电汇 DH001）。

要求：填制凭证（摘要：购入设备；凭证类型：付款凭证）。

23/30 题

操作使用说明：

用户名：002；账套：130；操作日期：2018 年 5 月 17 日。

5月17日，人力资源部何莹还之前的个人借款现金6000元。

要求：填制凭证（摘要：何莹还借款；凭证类别：收款凭证）。

24/30题

操作员说明：

用户名：001；账套：130；操作日期：2018年5月31日。

要求：将所有凭证进行审核、记账。

25/30题

操作使用说明：

用户名：002；账套：130；操作日期：2018年5月31日

要求：计提本月固定资产折旧，生成转账凭证。

26/30题

操作员说明：

用户名：001；账套：130；操作日期：2018年5月31日。

要求：将新生成的凭证进行审核、记账。

27/30题

操作使用说明：

用户名：002；账套：130；操作日期：2018年5月31日。

要求：制作"资产负债表"，保存为"D:\自己名07\顺达科技公司资产负债表"。

第一行：录入"资产负债表"并水平垂直居中。

第二行：适当位置，录入关键字"单位名称""年、月、日"，录入单位（元）。

第三行：录入下面表格内容，并定义各项公式，生成数据。

| 资产 | 期末数 | 负债及所有者权益 | 期末数 |
|---|---|---|---|
| 货币资金 | | 短期借款 | |
| 应收账款 | | 应付账款 | |
| 其他应收款 | | 应交税费 | |
| 存货 | | 应付利息 | |
| 固定资产 | | 负债合计 | |
| 减：累计折旧 | | 实收资本 | |
| 固定资产净值 | | 未分配利润 | |
| 无形资产 | | 所有者权益合计 | |
| 资产合计 | | 权益合计 | |

28/30题

操作使用说明：

用户名：002；账套：130；操作日期：2018年5月31日。

要求：制作"利润表"，保存为"D:\ZH自己名07\顺达科技公司利润表"。

第一行：录入"利润表"并水平垂直居中。

第二行：适当位置，录入关键字"单位名称""年、月、日"，录入单位（元）。

第三行：录入下面表格内容，并定义各项公式，生成数据。

| 项目 | 本月数 | 累计发生 |
|---|---|---|
| 一、营业收入 | | |
| 减：营业成本 | | |
| 税金及附加 | | |
| 销售费用 | | |
| 管理费用 | | |
| 财务费用 | | |
| 二、营业利润 | | |
| 加：营业外收入 | | |
| 减：营业外支出 | | |
| 三、利润总额 | | |
| 减：所得税费用 | | |
| 四、净利润 | | |

29/30 题

操作使用说明：

用户名：002；账套：130；操作日期：2018 年 5 月 31 日。

要求：人力资源部 HP 电脑转给总经办使用，变动原因为使用部门变动。

30/30 题

操作使用说明：

用户名：002；账套：130；操作日期：2018 年 5 月 31 日。

要求：对"固定资产、工资、总账"系统结账。

# 试题八

考前要求：1. 先在 D 盘建立文件夹，名称为"ZH 自己名 08"。

2. 做完后：数据备份，并将数据存到"D:\ZH 自己名 08"。

01/30 题

操作使用说明：

系统注册：admin

要求：建立账套

1. 账套号：128

2. 账套名称：三星公司

3. 账套路径：D:\ 自己名 08

4. 启用会计期：2018 年 2 月

5. 行业性质：2007 年新会计准则

6. 本位币：人民币

7. 税号：2107654321

8. 会计科目编码级次：四级　4-2-2-2

9. 启用系统：总账、固定资产、工资管理

10. 启用日期：2018 年 2 月 1 日

02/30 题

操作使用说明：

系统注册：admin

要求：增加操作员及设置权限

ZW0401　自己名　账套主管

ZW0402　王明　　审核凭证、记账

03/30 题

操作使用说明：

用户名：ZW0401；账套：128；操作日期：2018 年 2 月 1 日。

要求：增加部门

综合部、财务部。

04/30 题

操作使用说明：

用户名：ZW0401；账套：128；操作日期：2018 年 2 月 1 日。

要求：增加职员

01　田平　　综合部

02　自己名　财务部

03　王明　　财务部

05/30 题

操作使用说明：

用户名：ZW0401；账套：128；操作日期：2018 年 2 月 1 日。

要求：增加客户

简称：1　W 公司

06/30 题

操作使用说明：

用户名：ZW0401；账套：128；操作日期：2018 年 2 月 1 日。

要求：增加修改会计科目及余额 、对账试算平衡，参照下表。

| 代码 | 名称 | 辅助核算 | 年初数 |
|---|---|---|---|
| 1001 | 库存现金 | 指定科目 | 200000 |
| 1002 | 银行存款 | 指定科目 | |
| 100201 | 工行存款 | 日记账、银行账 | 530000 |
| 1221 | 其他应收款 | | 100000 |
| 1231 | 坏账准备 | | |
| 123101 | 应收账款坏账准备 | | |
| 123102 | 其他应收款坏账准备 | | |
| 1403 | 原材料 | 数量 | 70000 |
| | | 吨 | 20 |
| 2211 | 应付职工薪酬 | | |
| 221101 | 工资 | | |
| 2221 | 应交税费 | | |
| 222101 | 应交增值税 | | |
| 22210101 | 销项税额 | | |
| 22210102 | 进项税额 | | |
| 22210103 | 转出未交增值税 | | |
| 222102 | 未交增值税 | | |
| 4001 | 实收资本 | | 900000 |
| 6602 | 管理费用 | | |
| 660201 | 折旧费 | 部门核算 | |
| 660202 | 工资 | 部门核算 | |
| 660203 | 差旅费 | 部门核算 | |
| 660204 | 其他 | | |

07/30 题

操作使用说明：

用户名：ZW0401；账套：128；操作日期：2018 年 2 月 1 日。

要求：设置凭证类别

收款凭证、付款凭证、转账凭证（凭证限制无要求）。

08/30 题

操作使用说明：

用户名：ZW0401；账套：128；操作日期：2018 年 2 月 1 日。

要求：设置结算方式

1. 现金结算

2. 支票结算

09/30 题

操作使用说明：

用户名：ZW0401；账套：128；操作日期：2018 年 2 月 1 日。

要求：

常用摘要：

（1）01　材料采购

（2）02　从工行提取现金

（3）03　预借差旅费

（4）04　发工资

常用凭证，如下表所示。

| 编码 | 摘要 | 凭证类别 | 附单据数 |
|------|------|----------|----------|
| 01 | 从工行提取现金 | 付款 | 1 |

详细表示，如下表所示。

| 摘要 | 科目编码 |
|------|----------|
| 从工行提取现金 | 1001 |
| 从工行提取现金 | 100201 |

10/30 题

操作使用说明：

用户名：ZW0401；账套：128；操作日期：2018 年 2 月 1 日。

要求：固定资产初始化

1. 启用会计期：2018 年 2 月

2. 折旧方法：年数总和法

3. 编码方式：2-1-1-2

4. 编号：自动编号（类别编码＋序号）

5. 与总账系统对账：固定资产 1601，累计折旧 1602

6. 业务发生后立即制单

　　缺省：固定资产 1601，累计折旧 1602

7. 资产类别：01 房屋及建筑物　　02 办公设备

11/30 题

操作使用说明：

用户名：ZW0401；账套：128；操作日期：2018 年 2 月 1 日。

要求：设置部门对应折旧科目，如下表所示。

| 部门编码 | 对应会计科目 |
|----------|--------------|
| 综合部 | 660201 |
| 财务部 | 660201 |

12/30 题

操作使用说明：

用户名：ZW0401；账套：128；操作日期：2018 年 2 月 1 日。

要求：设置增减方式，参照下表。

| 增加 | 对应会计科目 | 减少 | 对应会计科目 |
|------|------------|------|------------|
| 直接购入 | 自设 | 出售 | 自设 |
| 投资者投入 | 自设 | 盘亏 | 自设 |
| 盘盈 | 自设 | | |
| 在建工程转入 | 自设 | | |

13/30 题

操作使用说明：

用户名：ZW0401；账套：128；操作日期：2018 年 2 月 1 日。

要求：工资初始化

（1）工资类别：单个

（2）人员编码长度：2

（3）设置人员类别：管理人员、财务人员

14/30 题

操作使用说明：

用户名：ZW0401；账套：128；操作日期：2018 年 2 月 1 日。

要求：设置工资项目，如下表所示。

| 工资项目 | 整数位 | 小数 | 增减 |
|---------|-------|------|------|
| 基本工资 | 8 | 2 | 增项 |
| 应发合计 | 默认 | 默认 | 默认 |
| 养老保险 | 8 | 2 | 减项 |
| 扣款合计 | 默认 | 默认 | 默认 |
| 实发合计 | 默认 | 默认 | 默认 |

15/30 题

操作使用说明：

用户名：ZW0401；账套：128；操作日期：2018 年 2 月 1 日。

要求：批量引入人员档案，如下表所示。

| 姓名 | 人员类别 |
|------|---------|
| 田平 | 管理人员 |
| 自己名 | 财务人员 |
| 王明 | 财务人员 |

设置养老保险计算公式，养老保险为基本工资的 4%。

16/30 题

操作使用说明：

用户名：ZW0401；账套：128；操作日期：2018 年 2 月 5 日。

5 日，综合部田平报销差旅费 3800 元，交还现金 200 元。

要求：填制凭证（摘要：报销差旅费；凭证类型：收款凭证）。

17/30 题

操作使用说明：

用户名：ZW0401；账套：128；操作日期：2018 年 2 月 9 日。

9 日，用银行存款支付前欠货款 10000 元。

要求：填制凭证（摘要：支付货款；凭证类型：付款凭证）。

18/30 题

操作使用说明：

用户名：ZW0401；账套：128；操作日期：2018 年 2 月 10 日。

10 日，收到投资款 30000 元，存入银行。

要求：填制凭证（摘要：收到投资款；凭证类型：收款凭证）。

19/30 题

操作使用说明：

用户名：ZW0401；账套：128；操作日期：2018 年 2 月 11 日。

11 日，销售产品，货款 11700 元（含税，税率 17%），款未收到。

要求：填制凭证（摘要：销售产品；凭证类型：转账凭证）。

20/30 题

操作使用说明：

用户名：ZW0401；账套：128；操作日期：2018 年 2 月 15 日。

15 日，车间领用原料 2 吨，3500 元 / 吨。

要求：填制凭证（摘要：车间领料；凭证类型：转账凭证）。

21/30 题

操作使用说明：

用户名：ZW0401；账套：128；操作日期：2018 年 2 月 24 日。

24 日，销售原材料 5 吨，4500 元 / 吨，款项存入银行（不考虑增值税）。

要求：填制凭证（摘要：销售原材料；凭证类型：收款凭证）。

22/30 题

操作使用说明：

用户名：ZW0401；账套：128；操作日期：2018 年 2 月 27 日。

要求：

1. 资产增加卡片

27 日，财务部购入办公用电脑 1 台，8000 元，预计使用 5 年，在用，净残值率 5%，税率 4%，按双倍余额递减法提取折旧。

2. 做固定资产增加凭证

23/30 题

操作使用说明：

用户名：ZW0401；账套：128；操作日期：2018 年 2 月 28 日。

要求：

1. 设置工资变动数据，如下表所示。

| 姓名 | 人员类别 | 基本工资 |
|------|----------|----------|
| 田平 | 管理人员 | 6000 |
| 自己名 | 财务人员 | 5500 |
| 王明 | 财务人员 | 4500 |

2. 进行工资分配设置，并做凭证。

24/30 题

操作使用说明：

用户名：ZW0402；账套：128；操作日期：2018 年 2 月 28 日。

要求：对所有凭证进行审核并记账。

25/30 题

操作使用说明：

用户名：ZW0401；账套：128；操作日期：2018 年 2 月 28 日。

要求：月末处理

1. 结转应交增值税，自动转账定义，并做凭证。

2. 结转制造费用，自动转账定义，并做凭证。

3. 按应收账款的 3‰ 计提坏账准备，自动转账定义，并做凭证。

4. 按其他应收款的 3‰ 计提坏账准备，自动转账定义，并做凭证。

5. 计提固定资产折旧

26/30 题

操作使用说明：

用户名：ZW0402；账套：128；操作日期：2018 年 2 月 28 日。

要求：对所有凭证进行审核并记账。

27/30 题

操作使用说明：

用户名：ZW0401；账套：128；操作日期：2018 年 2 月 28 日。

要求：月末处理

1. 结转生产成本，自动转账定义，并做凭证（ZW0402 审核、记账）。

2. 期间损益结转（ZW0402 审核、记账）。

28/30 题

操作使用说明：

用户名：ZW0401；账套：128；操作日期：2018 年 2 月 28 日。

要求：

结转本年利润，自动转账定义，并做凭证（ZW0402　审核、记账）。

29/30 题

操作使用说明：

用户名：ZW0401；账套：128；操作日期：2018 年 2 月 28 日。

要求：定义资产负债表公式，生成数据，参照下表，保存为"D:\ZH 自己名 08\ 三星公司资产负债表"。

### 资产负债表

编制单位　　　　　　年　　　　　月

| 资产 | 年初数 | 期末数 | 负债及所有者权益 | 年初数 | 期末数 |
|------|--------|--------|------------------|--------|--------|
| 货币资金 | | | 应付账款 | | |
| 应收账款 | | | 应付职工薪酬 | | |
| 其他应收款 | | | 应交税费 | | |
| 存货 | | | 实收资本 | | |
| 固定资产 | | | 利润分配 | | |
| 合计 | | | 合计 | | |

30/30 题

操作使用说明：

用户名：ZW0401；账套：128；操作日期：2018 年 2 月 28 日。

要求：对固定资产、工资、总账系统对账、结账。

# 试题九

考前要求：1. 先在 D 盘建立文件夹，名称为"ZH 自己名 09"

2. 做完后：数据备份，并将数据存到"D:\ZH 自己名 09"。

01/30 题

要求：建立账套

1.账套号：118

2.账套名称：达利来公司

3.账套路径：D:\ZH 自己名 09

4.启用会计期：2018 年 1 月

5.行业性质：2007 年新会计准则

6.本位币：人民币

7. 税号：2107654321

8. 会计科目编码级次：四级 4-2-2-2

02/30 题

要求：增加操作员及设置权限

ZW0701　自己名　账套主管

ZW0702　王明　审核凭证、记账

03/30 题

操作使用说明：

系统管理—系统—注册：ZW0701；账套：启用

要求：启用系统

总账、固定资产、工资管理

启用日期：2018 年 1 月 1 日

04/30 题

操作使用说明：

用户名：ZW0701；账套：118；操作日期：2018 年 1 月 1 日。

要求：增加部门

综合部、财务部

05/30 题

操作使用说明：

用户名：ZW0701；账套：118；操作日期：2018 年 1 月 1 日。

要求：增加职员

01 田宝平　综合部

02 自己名　财务部

03 王明　　财务部

06/30 题

操作使用说明：

用户名：ZW0701；账套：118；操作日期：2018 年 1 月 1 日。

要求：增加客户

客户简称：1　甲公司

07/30 题

操作使用说明：

用户名：ZW0701；账套：118；操作日期：2018 年 1 月 1 日。

要求：增加、修改会计科目及余额 、对账试算平衡，参照下表。

| 科目代码 | 科目名称 | 辅助核算 | 期初余额 |
|---|---|---|---|
| 1001 | 库存现金 | 指定科目 | 10000 |
| 1002 | 银行存款 | 指定科目 | 63000 |
| 1221 | 其他应收款 | 个人往来 | |
| 1601 | 固定资产 | | 10000 |
| 1602 | 累计折旧 | | 800 |
| 2211 | 应付职工薪酬 | | |
| 221101 | 工资 | | |
| 221102 | 福利费 | | |
| 2221 | 应交税费 | | |
| 222101 | 应交增值税 | | |
| 22210101 | 销项税额 | | |
| 22210102 | 进项税额 | | |
| 4001 | 实收资本 | | 82200 |
| 6602 | 管理费用 | 部门核算 | |
| 660201 | 折旧费 | 部门核算 | |
| 660202 | 工资 | 部门核算 | |
| 660203 | 福利费 | | |

08/30 题

操作使用说明：

用户名：ZW0701；账套：118；操作日期：2018 年 1 月 1 日。

要求：设置凭证类别

收款凭证、付款凭证、转账凭证（凭证限制和会计科目自设）。

09/30 题

操作使用说明：

用户名：ZW0701；账套：118；操作日期：2018 年 1 月 1 日。

要求：设置结算方式

1. 现金结算

2. 支票结算

10/30 题

操作使用说明：

用户名：ZW0701；账套：118；操作日期：2018 年 1 月 1 日。

要求：制单不序时控制。

11/30 题

操作使用说明：

用户名：ZW0701；账套：118；操作日期：2018 年 1 月 1 日。

要求：固定资产初始化

1. 启用会计期：2018 年 1 月

2. 折旧方法：年数总和法

3. 编码方式：2-1-1-2

4. 编号：自动编号（类别编码 + 序号）

5. 与总账系统对账：固定资产 1601，累计折旧 1602

6. 资产类别：01 房屋及建筑物，02 办公设备

12/30 题

操作使用说明：

用户名：ZW0701；账套：118；操作日期：2018 年 1 月 1 日。

要求：固定资产原始卡片数据录入，如下所述。

名称：办公楼

使用情况：在用

使用部门：综合部

增加方式：在建工程转入

开始使用日期：2017-10-12

原值：10000 元

累计折旧：800 元

折旧方法：年数总和法

使用年限：10 年

净残值率：3%

对应折旧科目：660201

13/30 题

操作使用说明：

用户名：ZW0701；账套：118；操作日期：2018 年 1 月 1 日。

要求：银行期初数据录入，如下所述。

月初银行存款日记账余额为 63000 元，银行对账单的余额为 120000 元，经核对存在未达账项。

2017 年 12 月 10 日，企业送存转账支票 6200 元，并已入账，但银行尚未入账。

2017 年 12 月 19 日，企业开出转账支票 4700 元，但持票单位尚未到银行办理转账，银行尚未入账。

2017 年 12 月 23 日，企业委托银行收取的货款 62500 元，银行已收妥入账，

但企业尚未收到款而未入账。

2017 年 12 月 27 日，银行代企业支付水费 4000 元，但企业尚未收到银行付款通知未入账。

14/30 题

操作使用说明：

用户名：ZW0701；账套：118；操作日期：2018 年 1 月 1 日。

要求：工资

1. 工资类别：单个

2. 人员编码长度：2

3. 人员类别：管理人员、财务人员

4. 工资项目，如下表所示

| 工资项目 | 整数位 | 小数 | 增减 |
|---|---|---|---|
| 基本工资 | 8 | 2 | 增项 |
| 福利费 | 8 | 2 | 增项 |
| 应发合计 | 默认 | 默认 | 默认 |
| 养老保险 | 8 | 2 | 减项 |
| 扣款合计 | 默认 | 默认 | 默认 |
| 实发合计 | 默认 | 默认 | 默认 |

15/30 题

操作使用说明：

用户名：ZW0701；账套：118；操作日期：2018 年 1 月 1 日。

要求：批量引入人员档案，并修改人员类别，参照下表。

| 姓名 | 人员类别 |
|---|---|
| 田宝平 | 管理人员 |
| 自己名 | 财务人员 |
| 王明 | 财务人员 |

16/30 题

操作使用说明：

用户名：ZW0701；账套：118；操作日期：2018 年 1 月 1 日。

要求：福利费、养老保险公式设置

福利费为基本工资的 10%，养老保险为基本工资的 3%。

17/30 题

操作使用说明：

用户名：ZW0701；账套：118；操作日期：2018 年 1 月 1 日。

要求：设置工资变动数据，如下表所示。

| 姓名 | 人员类别 | 基本工资 |
|------|----------|----------|
| 田宝平 | 管理人员 | 6000 |
| 自己名 | 财务人员 | 5000 |
| 王明 | 财务人员 | 4500 |

18/30 题

操作使用说明：

用户名：ZW0701；账套：118；操作日期：2018 年 1 月 31 日。

要求：工资分配定义并做凭证。

19/30 题

操作使用说明：

用户名：ZW0702；账套：118；操作日期：2018 年 1 月 31 日。

要求：对工资分配凭证进行审核、记账。

20/30 题

操作使用说明：

用户名：ZW0701；账套：118；操作日期：2018 年 1 月 10 日。

要求：做凭证

10 日，投资者以现金投入资本 20000 元。

（摘要：收到现金投资；凭证类别：收款凭证）

21/30 题

操作使用说明：

用户名：ZW0701；账套：118；操作日期：2018 年 1 月 15 日。

要求：做凭证

15 日，向某公司销售产品，收到款项 11700 元（含税），已存入银行，增值税税率 17%，已销产品成本为 4000 元。

（摘要：销售产品；凭证类别：收款凭证）

22/30 题

操作使用说明：

用户名：ZW0701；账套：118；操作日期：2018 年 1 月 19 日。

要求：做凭证

19 日，收到田宝平交回的差旅费剩余款 200 元并结算。

（摘要：交回差旅费余款；凭证类别：收款凭证）

23/30 题

操作使用说明：

用户名：ZW0701；账套：118；操作日期：2018 年 1 月 25 日。

要求：做凭证

25 日，生产 A 产品领料 10000 元。

（摘要：生产 A 产品领料；凭证类别：转账凭证）

24/30 题

操作使用说明：

用户名：ZW0701；账套：118；操作日期：2018 年 1 月 28 日。

要求：

1. 资产增加卡片

28 日，综合部用银行存款购买办公设备惠普传真机一台，价值 4000 元，使用年限 5 年，双倍余额递减法计提折旧，净残值率 4%。

2. 做固定资产增加凭证

25/30 题

操作使用说明：

用户名：ZW0701；账套：118；操作日期：2018 年 1 月 31 日。

要求：计提本月固定资产折旧，做凭证。

26/30 题

操作使用说明：

用户名：ZW0702；账套：118；操作日期：2018 年 1 月 31 日。

要求：对所有凭证进行审核、记账。

27/30 题

操作使用说明：

用户名：ZW0701；账套：118；操作日期：2018 年 1 月 31 日。

要求：结转生产成本，自动转账定义，并做凭证。

28/30 题

操作使用说明：

用户名：ZW0702；账套：118；操作日期：2018 年 1 月 31 日。

要求：结转生产成本凭证，并审核、记账。

29/30 题

操作使用说明：

用户名：ZW0701；账套：118；操作日期：2018 年 1 月 31 日。

要求：核实银行对账单

本月与银行进行对账发现：

12 日，转账支票（13）为银行已付，企业未付金额 800 元。

28 日，转账支票（25）为银行已收，企业未收金额 500 元。

30/30 题

操作使用说明：

用户名：ZW0701；账套：118；操作日期：2018 年 1 月 31 日。

要求：自动生成"利润表"数据，保存为"D:\ZH 自己名 09\ 达利来公司利润表"。

# 项目八 《会计电算化实务操作》教程综合题型

## 试题一

答题要求：1. 先在 D 盘建立文件夹，名称为"ZH 自己名 01"。

2. 做完后：数据备份，并将数据存到"D:\ZH 自己名 01"。

实验一 系统管理

[实验资料]

一、操作员信息

编号：001　　姓名：自己名

编号：002　　姓名：王方

二、账套信息及其他信息

1. 账套信息

账套号：777

账套名称：北京旭日科技有限责任公司

账套路径：默认

启用会计期：2018 年 01 月

2. 单位信息

单位名称：北京旭日科技有限责任公司

单位简称：旭日科技

3. 核算类型

记账本位币：人民币（RMB）

企业类型：工业

行业性质：2007 年新会计准则

账套主管：自己名

4. 基础信息

客户是否分类：否

供应商是否分类：否

存货是否分类：否

有无外币核算：有

5. 编码方案

科目编码级次：4222

其他科目编码级次采用默认值。

6. 系统启用

启用各子系统　2018 年 01 月 01 日

三、权限分配

1. 自己名——账套主管

具有系统所有模块的全部权限。

2. 王方——会计

具有"总账""工资""固定资产"模块的全部操作权限。

实验二　系统初始化

[实验资料]

一、基础档案

部门档案，如下表所示。

| 部门编码 | 部门名称 | 部门编码 | 部门名称 |
|---|---|---|---|
| 1 | 管理部 | 2 | 财务部 |
| 3 | 采购部 | 4 | 销售部 |

职员档案，如下表所示。

| 职员编号 | 职员名称 | 所属部门 |
|---|---|---|
| 101 | 李同 | 管理部 |
| 201 | 自己名 | 财务部 |
| 202 | 王方 | 财务部 |
| 301 | 赵海 | 采购部 |
| 401 | 刘刚 | 销售部 |

客户档案，如下表所示。

| 客户编码 | 客户名称 | 客户简称 | 地址 | 邮政编码 |
|---|---|---|---|---|
| 001 | 北京志新小学 | 志新小学 | 北京市朝阳区开拓路 1 号 | 100011 |
| 002 | 上海智宏公司 | 智宏公司 | 上海市和平区胜利路 2 号 | 200022 |

供应商档案，如下表所示。

| 供应商编码 | 供应商名称 | 供应商简称 | 地址 | 邮编 |
|---|---|---|---|---|
| 001 | 北京力达有限公司 | 北京力达 | 北京市海淀区小营路 3 号 | 100022 |
| 002 | 深圳华光软件公司 | 深圳华光 | 深圳市新华区南京路 4 号 | 500055 |

外币及汇率，如下所述。

币符：USD；币名：美元；月初汇率：8.5。

二、会计科目

（1）会计科目及 2018 年 1 月份期初余额表，如下表所示。

| 科目名称 | 辅助核算 | 科目类型 | 方向 | 币别计量 | 期初余额 |
|---|---|---|---|---|---|
| 库存现金 1001 | 日记 | 资产 | 借 | | 95000 |
| 银行存款 1002 | 银行日记 | 资产 | 借 | | 125000 |
| 工行存款 100201 | 银行日记 | 资产 | 借 | | 80000 |
| 中行存款 100202 | 银行日记 | 资产 | 借 | 美元 | 45000 |
| 应收账款 1122 | 客户往来 | 资产 | 借 | | 30000 |
| 其他应收款 1221 | 个人往来 | 资产 | 借 | | 2000 |
| 库存商品 1405 | | 资产 | 借 | | |
| 硬件 140501 | 数量核算 | 资产 | 借 | 台 20 | 90000 |
| 软件 140502 | 数量核算 | 资产 | 借 | 张 6500 | 65000 |
| 固定资产 1601 | | 资产 | 借 | | 228000 |
| 累计折旧 1602 | | 资产 | 贷 | | 45000 |
| 短期借款 2001 | | 负债 | 贷 | | 55000 |
| 应付账款 2202 | 供应商往来 | 负债 | 贷 | | 25000 |
| 应交税费 2221 | | 负债 | | | |
| 应交增值税 222101 | | 负债 | | | |
| 进项税 22210101 | | 负债 | | | |
| 销项税 22210102 | | 负债 | | | |
| 实收资本 4001 | | 权益 | 贷 | | 390000 |
| 利润分配 4104 | | 权益 | 贷 | | |
| 未分配利润 410401 | | 权益 | 贷 | | 120000 |
| 本年利润 4103 | | 权益 | 贷 | | |
| 主营业务收入 6001 | | 损益 | 贷 | | |
| 主营业务成本 6401 | | 损益 | 借 | | |
| 销售费用 6601 | | 损益 | 借 | | |
| 管理费用 6602 | 部门核算 | 损益 | 借 | | |
| 工资 660201 | 部门核算 | 损益 | 借 | | |
| 办公费 660202 | 部门核算 | 损益 | 借 | | |
| 差旅费 660203 | 部门核算 | 损益 | 借 | | |
| 其他 660204 | | 损益 | 借 | | |

三、凭证类别

凭证类别及其他信息如下表所示。

| 凭证类别 | 限制类型 | 限制科目 |
|---|---|---|
| 收款凭证 | 借方必有 | 1001，100201，100202 |
| 付款凭证 | 贷方必有 | 1001，100201，100202 |
| 转账凭证 | 凭证必无 | 1001，100201，100202 |

四、期初余额

1.总账期初余额表（见"会计科目及 2018 年 1 月份期初余额表"）

**2. 辅助账期初余额表（见"如下相关表格"）**

会计科目：1131 应收账款　　　　余额：借30000元

| 日期 | 客户 | 摘要 | 方向 | 金额 |
|---|---|---|---|---|
| 2017年12月26日 | 志新小学 | 销售商品 | 借 | 30000 |

会计科目：1133 其他应收款　　　　余额：借2000元

| 日期 | 部门 | 个人 | 摘要 | 方向 | 期初余额 |
|---|---|---|---|---|---|
| 2017年12月25日 | 管理部 | 李同 | 出差借款 | 借 | 2000 |

会计科目：2121 应付账款　　　　余额：贷25000元

| 日期 | 供应商 | 摘要 | 方向 | 金额 |
|---|---|---|---|---|
| 2017年12月20日 | 北京力达 | 购买商品 | 贷 | 25000 |

**实验三　日常账务处理**

[实验资料]

一、1月经济业务如下（做凭证审核记账）

3日，销售部购买了500元的办公用品，以现金支付。

5日，财务部从工行提取现金8000元，作为备用金。

6日，收到大洋集团投资资金20000美元，汇率8.5。

7日，采购部采购硬件10台，每台4000元，货款以银行存款支付。

11日，销售部收到北京志新小学转来一张转账支票，金额30000元，用以偿还前欠货款。

12日，采购部从深圳华光软件公司购入"轻松英语"光盘500张，单价10元，货税款暂欠，商品已验收入库（适用税率16%）。

16日，管理部李同出差归来，报销差旅费2000元。

23日，销售部售给上海智宏公司A软件100套，每套200元，货款未收（适用税率16%）。

31日，结转A软件产品销售成本。数量：100套；单价：80元。

31日，结转损益类科目。

31日，自动转账结转本年利润。

二、工资

类别：单个。

项目设置中，新增工资项目，名称为"基本工资"，"交通补贴""其他补贴"均为增项，长度8，小数位数"2"位，"性别"，长度2，其他。

三、固定资产（做凭证审核记账）

类别为"电子设备"，折旧方法为"平均年限法"，折旧属性为"正常计提"，使用年限"10"年。

新增固定资产,名称为"佳能数码相机","直接购入","财务部",启用日期"2018 年 1 月 10 日",使用年限"6"年,"在用",折旧方法为"平均年限法",原值"3500"。

实验四 手动编制会计报表

[实验资料]

一、报表格式

以下面的"资产负债表"为例进行编制。

### 资产负债表

编制单位: 年 月 日 　　　　　　单位:元

| 资产 | 期末数 | 负债及所有者权益 | 期末数 |
|---|---|---|---|
| 货币资金 | | 短期借款 | |
| 应收账款 | | 应付账款 | |
| 其他应收款 | | 应交税费 | |
| 存货 | | 负债合计 | |
| 固定资产 | | 实收资本 | |
| 减:累计折旧 | | 未分利润 | |
| 固定资产净值 | | 所有者权益合计 | |
| 合计 | | 合计 | |

说明:

标题"资产负债表"设置为"黑体、16 号、居中"。

其他内容均设置为"楷体、12 号"。

表格线自己设定。

二、自己输入报表计算公式

三、关键字

在"编制单位"后设置"年""月""日"关键字。

四、报表数据生成

①输入关键字"编制单位""2018 年 1 月 31 日"。

②整表重算。

③保存报表到"D:\ZH 自己名 01\ 资产负债表"。

## 试题二

答题要求:1. 先在 D 盘建立文件夹,名称为"ZH 自己名 02"。

　　　　　2. 做完后:数据备份,并将数据存到"D:\ZH 自己名 02"。

实验一 系统管理

[ 试验资料 ]

一、创建账套

1. 账套信息

账套号：721

账套名称：北京阳光信息技术有限公司

账套存储路径：默认

启用日期：2018 年 1 月 1 日

2. 单位信息

企业名称：北京阳光信息技术有限公司

简称：阳光公司

地址：北京市海淀区中关村路甲 999 号

法人代表：肖剑

邮政编码：100888

税号：110108200711013

联系电话及传真：62898899

电子邮箱：YG@YGXX.net

3. 核算类型

记账本位币：人民币

企业类型：工业

行业性质：2007 年新会计准则

4. 基础信息

存货不分类

客户分类

供应商分类

有外币业务

5. 分类编码方案

科目编码级次：4-2-2-2

客户分类编码级次：2-2-3

供应商分类编码级次：2-2-3

部门编码级次：1-2-2

结算方式编码级次：1-2

6. 数据精度

两位小数

7. 系统启用

启用所有模块，2018 年 1 月 1 日。

二、增加操作员及权限设置

账套主管：001 陈明（口令：1）

操作员：002 王晶（口令：2），负责所有凭证的输入及记账工作，具有出纳签字权、现金和银行存款日记账的查询及打印权。

实验二 基础设置

[实验资料]

一、建立部门档案和职员档案

部门档案，如下表所示。

| 部门编码 | 部门名称 | 负责人 | 部门属性 |
| --- | --- | --- | --- |
| 1 | 综合部 | 101（肖剑） | 管理部门 |
| 101 | 总经理办公室 | 101（肖剑） | 综合管理 |
| 102 | 财务部 | 102（陈明） | 财务管理 |
| 2 | 市场部 | 201（赵斌） | 购销管理 |
| 3 | 开发部 | 301（孙健） | 技术开发 |

职员档案，如下表所示。

| 职员编号 | 职员名称 | 所属部门 | 职员属性 |
| --- | --- | --- | --- |
| 101 | 肖剑 | 总经理办公室 | 总经理 |
| 102 | 陈明 | 财务部 | 会计 |
| 103 | 王晶 | 财务部 | 出纳 |
| 201 | 赵斌 | 市场部 | 部门经理 |
| 202 | 宋佳 | 市场部 | 职员 |
| 301 | 孙健 | 开发部 | 部门经理 |
| 302 | 王华 | 开发部 | 职员 |
| 303 | 白雪 | 开发部 | 职员 |

二、结算方式

结算方式如下表所示。

| 结算方式编码 | 结算方式名称 |
| --- | --- |
| 1 | 现金结算 |
| 2 | 支票 |
| 201 | 现金支票 |
| 202 | 转账支票 |
| 9 | 其他 |

### 三、外币种类

外币：USD 美元，汇率 8.275。

### 四、客户和供应商分类

客户分类，如下表所示。

| 分类编码 | 分类名称 |
|---|---|
| 01 | 长期客户 |
| 02 | 中期客户 |
| 03 | 短期客户 |

供应商分类，如下表所示。

| 分类编码 | 分类名称 |
|---|---|
| 01 | 工业 |
| 02 | 商业 |
| 03 | 事业 |

### 五、客户档案和供应商档案

客户档案，如下表所示。

| 客户编号 | 客户名称 | 客户简称 | 所属分类码 | 所属行业 | 邮编 | 税号 | 开户银行 | 银行账号 | 电话 |
|---|---|---|---|---|---|---|---|---|---|
| 001 | 北京世纪学校 | 世纪学校 | 02 | 事业单位 | 100007 | 11111111 | 工行 | 7777 | 6666666 |
| 002 | 天津海达公司 | 海达公司 | 03 | 商业 | 200008 | 2222222 | 工行 | 6666 | 5555555 |

供应商档案，如下表所示。

| 供应商编号 | 供应商名称 | 简称 | 所属分类码 | 所属行业 | 邮编 | 税号 | 开户银行 | 银行账号 | 电话 |
|---|---|---|---|---|---|---|---|---|---|
| 001 | 北京万科有限公司 | 万科 | 02 | 商业 | 100011 | 111111 | 工行 | 11111111 | 666666 |
| 002 | 上海建昌有限公司 | 建昌 | 01 | 工业 | 200022 | 22222 | 工行 | 2222222 | 777777 |

### 六、会计科目（增加或修改）

会计科目与期初余额表，如下表所示。

| 科目名称 | 账类 | 方向 | 币别/计量 | 期初余额 |
|---|---|---|---|---|
| 库存现金（1001） | 指定科目，日记账 | 借 | | 6775.70 |
| 银行存款（1002） | 指定科目，日记账、银行账 | 借 | | 119488.89 |
| 工行存款（100201） | 日记账、银行账 | 借 | | 119488.89 |
| 中行存款（100202） | 日记账、银行账 | 借 | | 0.00 |
| | | 借 | 美元 | 0.00 |
| 应收账款（1122） | 客户往来 | 借 | | 157600.00 |
| 坏账准备（1231） | | 贷 | | 788.00 |
| 其他应收款（1221） | 个人往来 | 借 | | 3800.00 |
| 库存商品（1405） | | 借 | | 199976.00 |
| 多媒体教程（140501） | 数量金额 | 借 | | 87976.00 |
| | | 借 | 册 | 3142.00 |
| 多媒体课件（140505） | 数量金额 | 借 | | 112000.00 |
| | | 借 | 套 | 3200.00 |

续表

| 科目名称 | 账类 | 方向 | 币别/计量 | 期初余额 |
|---|---|---|---|---|
| 预付账款（1123） | | 借 | | 642.00 |
| 报刊费（112301） | | 借 | | 642.00 |
| 货款（112302） | 供应商往来 | 借 | | 0.00 |
| 固定资产（1601） | | 借 | | 260860.00 |
| 累计折旧（1602） | | 贷 | | 10689.87 |
| 无形资产（1701） | | 借 | | 58500.00 |
| 短期借款（2001） | | 贷 | | 200000.00 |
| 应付账款（2202） | 供应商往来 | 贷 | | 276850.00 |
| 应付职工薪酬（2211） | | 贷 | | 10222.77 |
| 工资（221101） | | 贷 | | 0.00 |
| 职工福利（221102） | | 贷 | | 10222.77 |
| 工会经费（221105） | | 贷 | | 0.00 |
| 教育经费（221106） | | 贷 | | 0.00 |
| 进项税额（22210101） | | 贷 | | 0.00 |
| 销项税额（22210105） | | 贷 | | 0.00 |
| 进项税额转出（22210109） | | 贷 | | 0.00 |
| 转出未交增值税（22210103） | | 贷 | | 0.00 |
| 未交增值税（222102） | | 贷 | | −13000.00 |
| 其他应付款（2241） | | 贷 | | 2100.00 |
| 应付利息（2231） | | 贷 | | 0.00 |
| 应付债券（2502） | | 贷 | | 180.00 |
| 实收资本（4001） | | 贷 | | 500000.00 |
| 本年利润（4103） | | 贷 | | 0.00 |
| 利润分配（4104） | | 贷 | | −163022.31 |
| 未分配利润（410415） | | 贷 | | −163022.31 |
| 生产成本（5001） | | 借 | | 17165.74 |
| 直接材料（500101） | | 借 | | 155.00 |
| 直接工资（500102） | | 借 | | 15000.00 |
| 制造费用（500103） | | 借 | | 2010.74 |
| 制造费用（5101） | | 借 | | 0.00 |
| 主营业务收入（6001） | | 贷 | | 0.00 |
| 多媒体教程（600101） | 数量金额 | 贷 | | 0.00 |
| 多媒体课件（600105） | 数量金额 | 贷 | | 0.00 |
| 主营业务成本（6401） | | 借 | | 0.00 |
| 多媒体教程（640101） | 数量金额 | 借 | | 0.00 |
| 多媒体课件（640105） | 数量金额 | 借 | | 0.00 |
| 销售费用（6601） | | 借 | | 0.00 |
| 管理费用（6602） | | 借 | | 0.00 |
| 工资费用（660201） | 部门核算 | 借 | | 0.00 |
| 办公费用（660202） | 部门核算 | 借 | | 0.00 |
| 其他费用（660204） | 部门核算 | 借 | | 0.00 |
| 财务费用（6603） | | 借 | | 0.00 |

续表

| 科目名称 | 账类 | 方向 | 币别 / 计量 | 期初余额 |
|---|---|---|---|---|
| 利息（660301） | | 借 | | 0.00 |
| 汇兑损益（660302） | | | | 0.00 |

### 七、凭证类型设置

凭证类型如下表所示。

| 类型 | 限制类型 | 限制科目 |
|---|---|---|
| 收款凭证 | 借方必有 | 1001，100201，100202 |
| 付款凭证 | 贷方必有 | 1001，100201，100202 |
| 转账凭证 | 凭证必无 | 1001，100201，100202 |

### 实验三　总账系统

[ 实验资料 ]

一、业务控制参数

凭证制单时，采用序时控制（不能倒流）。

进行支票管理与资金及往来赤字控制。

制单权限不控制到科目。

不允许修改、作废他人填制的凭证。

可以使用应收、应付受控科目，现金流量科目不必录现金流量项目，凭证编号方式采用系统编号，打印凭证页脚姓名。

凭证审核时控制到操作员。

由出纳填制的凭证必须经出纳签字。

外汇核算采用固定汇率。

账簿打印位数、每页打印行数，按软件的标准设定。

明细账查询控制到科目，明细账打印按年排页。

数量小数位和单价小数位 2 位。

部门、个人、项目按编码方式排序。

会计日历为 1 月 1 日—12 月 31 日。

二、2018 年 1 月份期初余额表

1. 详见试题一中的"会计科目及 2018 年 1 月份期初余额表"

2. 辅助账期初余额表

其他应收款余额（个人往来），如下表所示。

会计科目：1221 其他应收款　　余额：借 3800 元

| 日期 | 凭证号数 | 部门名称 | 个人名称 | 摘要 | 方向 | 本币期初余额 |
|---|---|---|---|---|---|---|
| 2017–12–25 | 付 –78 | 总经理办公室 | 肖剑 | 出差借款 | 借 | 3800 |
| | | | 合计 | | 借 | 3800 |

应收账款余额（客户往来），如下表所示。

会计科目：1122 应收账款　　　余额：借 157600 元

| 日期 | 凭证号 | 客户 | 摘要 | 方向 | 金额 | 业务员 | 票号 | 票据日期 |
|------|--------|------|------|------|------|--------|------|----------|
| 2017-10-25 | 转 -118 | 世纪学校 | 销售商品 | 借 | 99600 | 宋佳 | P111 | 10-25 |
| 2017-11-10 | 转 -15 | 海达 | 销售商品 | 借 | 58000 | 宋佳 | Z111 | 11-10 |

应付账款余额（供应商往来），如下表所示。

会计科目：2202 应付账款　　　余额：贷 276850 元

| 日期 | 凭证号 | 供应商 | 摘要 | 方向 | 金额 | 业务员 | 票号 | 票据日期 |
|------|--------|--------|------|------|------|--------|------|----------|
| 2017-9-20 | 转 -45 | 建昌 | 购买商品 | 贷 | 276850 | 宋佳 | C000 | 9-19 |

三、2018 年 1 月份发生如下经济业务

要求：本人填制记账凭证 { 操作指南：总账→凭证→填制凭证 }。

王晶出纳签字 { 操作指南：总账→凭证→出纳签字 }。

陈明审核、记账 { 操作指南：总账→凭证→审核凭证，总账→凭证→记账 }。

3 日，财务部出纳从工行提取现金 10000 元（附单据 1 张，现金支票号 XJ2000）。

借：库存现金（1001）　　　　　　　　　　　　　　10000 元

贷：银行存款——工行存款（100201）　　　　　　　10000 元

5 日，总经理办公室肖剑出差归来，报销差旅费 3600 元，交回现金 200 元（附单据 1 张）。

借：管理费用——其他费用（660204）　　　　　　　3600 元

　　库存现金（1001）　　　　　　　　　　　　　　200 元

贷：其他应收款——应收个人款（122101）　　　　　3800 元

12 日，市场部宋佳收到北京世纪学校转来转账支票 2 张，面值分别为 40400 元和 59600 元，用以归还前欠货款。

借：银行存款——工行存款（100201）　　　　　　　100000 元

贷：应收账款（1122）　　　　　　　　　　　　　　100000 元

14 日，市场部宋佳向北京世纪学校售出《多媒体教学教程》600 册，单价 32 元，货税款尚未收到（适用税率 13%）。

借：应收账款　　　　　　　　　　　　　　　　　　21696 元

贷：主管业务收入——多媒体教程　　　　　　　　　19200 元

　　应交税费——应交增值税——销项税额　　　　　　2496 元

16 日，市场部宋佳从万科公司购入《多媒体课件》3000 套，单价 35 元，货税款暂欠，商品已验收入库（发票号 C111，适用税率 13%）。

借：库存商品——多媒体课件　　　　　　　　　　　105000 元

应交税费——应交增值税——进项税额      13650 元

贷：应付账款      118650 元

19 日，市场部宋佳归还前欠万科公司部分货款 100000 元（支票号 201）。

借：应付账款      100000 元

贷：银行存款——工行存款      100000 元

19 日，总经理办公室支付业务招待费 1200 元。

借：管理费用——其他费用      1200 元

贷：银行存款——工行存款      1200 元

20 日，收到泛美集团投资资金 10000 美元。

借：银行存款——中行存款

贷：实收资本（股本）

**四、银行对账余额**

阳光公司银行账的启用日期为 2018 年 1 月 1 日，工行人民币户企业日记账调整前余额为 119488.89 元，银行对账单调整前余额为 159488.89 元，未达账项一笔，系银行已收企业未收款 40000 元。

**五、2018 年 1 月份银行对账单**

{操作指南：银行对账单录入，如下表所示}

| 日期 | 结算方式 | 票 号 | 借方金额 | 贷方金额 |
|---|---|---|---|---|
| 2018.01.03 | 201 | Xj2000 | | 10000.00 |
| 2018.01.06 | | | 60000.00 | |
| 2018.01.21 | 202 | 201 | | 100000.00 |
| 2018.01.29 | 202 | 202 | | 32760.00 |

## 实验四　报表系统

[实验资料]

一、编制"货币资金表"（自定义）

"货币资金表"的格式，如下表所示。

**货币资金表**

编制单位：    年    月    日    单位：元

| 项目 | 行次 | 期初数 | 期末数 |
|---|---|---|---|
| 库存现金 | 1 | | |
| 银行存款 | 2 | | |
| 合计 | 3 | | |

制表人：

二、编制"资产负债表"

注意定义取数公式：货币资金、存货、未分配利润等项目。

三、编制"利润表"

实验五　工资管理系统

[实验资料]

一、启用工资管理系统

二、建立工资账套

1. 工资类别：多个

2. 核算：人民币

3. 代扣个人所得税

4. 扣零到元

5. 人员编码长度：3 位

三、基础信息设置

1. 工资项目设置

{操作指南：工资→设置→工资项目设置，如下表所示}

| 项目名称 | 类型 | 长度 | 小数位数 | 工资增减项 |
| --- | --- | --- | --- | --- |
| 基本工资 | 数字 | 8 | 2 | 增项 |
| 奖励工资 | 数字 | 8 | 2 | 增项 |
| 交补 | 数字 | 8 | 2 | 增项 |
| 应发合计 | 数字 | 10 | 2 | 增项 |
| 请假扣款 | 数字 | 8 | 2 | 减项 |
| 养老保险金 | 数字 | 8 | 2 | 减项 |
| 扣款合计 | 数字 | 10 | 2 | 减项 |
| 实发合计 | 数字 | 10 | 2 | 增项 |
| 代扣税 | 数字 | 10 | 2 | 减项 |
| 请假天数 | 数字 | 8 | 2 | 其他 |

2. 建立工资类别

{操作指南：工资→工资类别→新建工资类别}

001　正式人员　部门选择：综合部（包括总经理办公室、财务部）、市场部、开发部

002　临时人员　部门选择：开发部、市场部

3. 人员类别

{操作指南：工资→设置→人员类别设置}

经理人员（1001）、经营人员（1002）、开发人员（1003）、管理人员（1004）。

4. 设置银行名称

{操作指南：工资→设置→银行名称设置}

工商银行中关村分理处，默认个人账号"定长"，账号长度11，自动带出个人账号长度7。

四、正式人员工资类别初始设置

1. 打开工资类别

{操作指南：工资→工资类别→打开工资类别→正式人员 }

2. 设置人员档案

{操作指南：工资→工资类别→打开工资类别→正式人员，工资→设置→人员档案→批量引入，如下表所示 }

| 部门名称 | 人员编号 | 人员姓名 | 人员类别 | 账号 | 中方人员 | 是否计税 |
|---|---|---|---|---|---|---|
| 总经理办公室 | 101 | 肖剑 | 经理人员 | 20180010001 | 是 | 是 |
| 财务部 | 102 | 陈明 | 经理人员 | 20180010002 | 是 | 是 |
| 财务部 | 103 | 王晶 | 管理人员 | 20180010003 | 是 | 是 |
| 市场部 | 201 | 赵斌 | 经理人员 | 20180010004 | 是 | 是 |
| 市场部 | 202 | 宋佳 | 经营人员 | 20180010005 | 是 | 是 |
| 开发部 | 301 | 孙健 | 经理人员 | 20180010006 | 是 | 是 |
| 开发部 | 302 | 王华 | 开发人员 | 20180010007 | 是 | 是 |
| 开发部 | 303 | 白雪 | 开发人员 | 20180010008 | 是 | 是 |

3. 选择工资项目

资料同上。

4. 设置计算公式

{操作指南：工资→设置→工资项目设置→公式设置，如下表所示 }

| 工资项目 | 定义公式 |
|---|---|
| 请假扣款 | 请假天数 × 20 |
| 养老保险金 | （基本工资＋奖励工资）× 0.05 |
| 交补 | iff（人员类别 = "经理人员" or 人员类别 = "经营人员"，100，50） |

注意：在 or 前后应有空格。

5. 设置所得税纳税基数

{操作指南：工资→业务处理→扣缴所得税 }

计税基数 3500 元。

五、正式人员工资类别日常业务

1. 正式人员基本工资数据

{操作指南：工资→工资类别→打开工资类别→正式人员，工资→业务处理→工资变动，如下表所示 }

| 姓名 | 基本工资 | 奖励工资 |
|---|---|---|
| 肖剑 | 5000 | 500 |
| 陈明 | 3000 | 300 |
| 王晶 | 2000 | 200 |
| 赵斌 | 3000 | 300 |
| 宋佳 | 2000 | 200 |
| 孙健 | 4500 | 450 |
| 王华 | 3500 | 350 |
| 白雪 | 3500 | 350 |

2. 工资变动情况

{操作指南：工资→工资类别→打开工资类别→正式人员，工资→业务处理→工资变动}

（1）考勤情况：王华请假 2 天，赵斌请假 1 天。

（2）因需要，决定招聘李力（编号 304）到开发部担任开发人员，以补充技术力量，其基本工资 2000 元，无奖励工资。

李力基本情况资料：编号 304，类别开发人员，代发工资银行账号 20××0010009。

六、正式人员类别工资分摊

1. 工资分摊计提基数

应付工资总额等于工资项目"实发合计"。

工资费用分配的转账分录

{操作指南：工资→业务处理→工资分摊，如下表所示}

| 工资分摊 部门 | | | 应付工资（100%） | |
|---|---|---|---|---|
| | | | 借方 | 贷方 |
| 综合部 | 总经理办公室 | 经理人员 | 660201 | 221101 |
| | 财务部 | 经理人员 | 660201 | 221101 |
| | | 管理人员 | 660201 | 221101 |
| 市场部 | | 经理人员 | 6601 | 221101 |
| | | 经营人员 | 6601 | 221101 |
| 开发部 | | 经理人员 | 5101 | 221101 |
| | | 开发人员 | 500102 | 221101 |

实验六 固定资产管理

[实验资料]

一、业务控制参数

{操作指南：固定资产→设置→选项}

启用日期为 2018 年 1 月，按平均年限法（一）计提折旧，折旧分配周期为 1 个月，类别编码方式为 2112。

固定资产编码方式：按"类别编码＋部门编码＋序号"自动编码。

卡片序号长度为 3，已注销的卡片 5 年后删除。

当月初已计提月份＝（可使用月份 –1）时，要求将剩余折旧全部提足。

要求与账务系统进行对账。固定资产对账科目：1601 固定资产；累计折旧对账科目：1602 累计折旧。在对账不平的情况下不允许月末结账。

业务发生后立即制单，月末结账前一定要完成制单登账业务。

固定资产缺省入账科目：1601；累计折旧缺省入账科目：1602；固定资产减值准备：1603。

## 二、固定资产类别

{操作指南：固定资产→设置→资产类别，如下表所示}

| 编码 | 类别名称 | 单位 | 计提属性 |
|------|----------|------|----------|
| 01 | 交通运输设备 | | 正常计提 |
| 011 | 经营用设备 | | 正常计提 |
| 012 | 非经营用设备 | | 正常计提 |
| 02 | 电子设备及其他通信设备 | | 正常计提 |
| 021 | 经营用设备 | 台 | 正常计提 |
| 022 | 非经营用设备 | 台 | 正常计提 |

净残值率均为4%。

## 三、增减方式设置

{操作指南：固定资产→设置→增减方式，如下表所示}

| 增减方式目录 | 对应入账科目 |
|--------------|--------------|
| 增加方式 | |
| 直接购入 | 100201，工行存款 |
| 接受投资 | 4001，实收资本（股本） |
| 减少方式 | |
| 毁损 | 1606，固定资产清理 |
| 出售 | 1606，固定资产清理 |

## 四、部门及对应折旧科目

{操作指南：固定资产→设置→部门对应折旧科目，如下表所示}

| 部门 | 对应折旧科目 |
|------|--------------|
| 1 综合部 | 管理费用（660204） |
| 2 市场部 | 销售费用（6601） |
| 3 开发部 | 制造费用（5101） |

## 五、原始卡片

{操作指南：固定资产→卡片→录入原始卡片，如下表所示}

| 固定资产名称 | 类别编号 | 所在部门 | 增加方式 | 可使用年限/年（月） | 开始使用日期 | 原值 | 累计折旧 | 对应折旧科目名称 |
|--------------|----------|----------|----------|----------------------|--------------|------|----------|------------------|
| 轿车 | 012 | 总经理办公室 | 直接购入 | 6（72） | 2012.10.1 | 215470 | 5745.87 | 管理费用 |
| 笔记本电脑 | 022 | 总经理办公室 | 直接购入 | 5（60） | 2012.2.1 | 28900 | 4624 | 管理费用 |
| 传真机 | 022 | 总经理办公室 | 直接购入 | 5（60） | 2012.10.1 | 3510 | 112.32 | 管理费用 |
| 笔记本电脑 | 021 | 开发部 | 直接购入 | 5（60） | 2012.11.1 | 6490 | 103.84 | 制造费用 |
| 笔记本电脑 | 021 | 开发部 | 直接购入 | 5（60） | 2012.11.1 | 6490 | 103.84 | 制造费用 |

注：净残值率均为4%，使用状况均为"在用"，折旧方法均采用平均年限法（一）。卡片项目与卡片样式采用软件的标准设定。

## 六、日常及期末业务

{操作指南：固定资产→卡片→资产增加}

1月21日，财务部购买扫描仪一台，价值1500元，净残值率4%，预计使用年限5年。

1月23日，总经理办公室使用的轿车需要进行大修理，修改固定资产卡片，将使用状况由"在用"修改为"大修理停用"。

计提本月折旧费用。

# 试题三

答题要求：1. 先在D盘建立文件夹，名称为"ZH自己名03"。

2. 做完后：数据备份，并将数据存到"D:\ZH自己名03"。

实验一 系统管理

[实验资料]

一、账套信息

账套号：115

账套名称：北京欣宝业绩有限公司

启用期间：2018年1月

单位名称：北京欣宝业绩有限责任公司

单位简称：欣宝业绩

企业类型：工业

行业性质：2007年新准则（按行业性质预置科目）

账套主管：demo

基础信息：存货分类，供应商、客户分类，有外币核算

编码方案：科目编码4-2-2-2，部门编码1-2，客户分类编码1-2

其他编码规则默认

数据精度：均为两位小数

启用模块：总账

启用日期：2018年1月1日

二、增加操作员并设置权限

增加操作员"001 李爽"，并设置其为"账套主管"。

增加操作员"002 王华"，并赋予其"公用目录设置""总账"的所有权限。

增加操作员"003 李晶"，赋予总账中的"出纳签字"权限。

实验二 信息门户

[实验资料]

一、基础信息资料

部门设置，如下表所示。

| 部门编码 | 部门名称 | 负责人 | 部门属性 |
|---|---|---|---|
| 1 | 综合管理部 | | |
| 101 | 总经理办公室 | 毕文 | 综合管理 |
| 102 | 人事部 | 王烨 | 人事部门 |
| 2 | 财务部 | 李爽 | 财务部门 |
| 3 | 销售部 | 周东 | 销售部门 |
| 4 | 采购部 | 孙亮 | 采购部门 |
| 5 | 生产部 | | |
| 501 | 生产一车间 | 唱明 | 生产部门 |
| 502 | 生产二车间 | 郝丽 | 生产部门 |

职员档案，如下表所示。

| 职员编码 | 职员名称 | 所属部门 | 职员属性 |
|---|---|---|---|
| 101 | 毕文 | 总经理办公室 | 总经理 |
| 102 | 王烨 | 人事部 | 部门经理 |
| 201 | 李爽 | 财务部 | 财务主管 |
| 202 | 邸微 | 财务部 | 会计 |
| 203 | 金子 | 财务部 | 会计 |
| 204 | 李晶 | 财务部 | 出纳 |
| 301 | 周东 | 销售部 | 销售经理 |
| 302 | 刘威 | 销售部 | 销售员 |
| 401 | 孙亮 | 采购部 | 采购经理 |
| 402 | 赵国 | 采购部 | 采购员 |
| 501 | 唱明 | 生产一车间 | 生产经理 |
| 502 | 海燕 | 生产一车间 | 生产人员 |
| 503 | 郝丽 | 生产二车间 | 生产人员 |

客户分类，如下表所示。

| 分类编码 | 分类名称 |
|---|---|
| 1 | 中南地区客户 |
| 2 | 华东地区客户 |
| 3 | 华北地区客户 |

客户档案，如下表所示。

| 客户编号 | 客户名称 | 简称 | 所属分类 | 开户银行 | 开户账号 |
|---|---|---|---|---|---|
| 001 | 华普有限公司 | 华普 | 1 | 建行 | 123456 |
| 002 | 文颂有限公司 | 文颂 | 2 | 工行 | 456789 |

供应商分类，如下表所示。

| 分类编码 | 分类名称 |
|---|---|
| 01 | 一级代理商 |
| 02 | 二级代理商 |
| 03 | 零售客户 |

供应商档案，如下表所示。

| 供应商编号 | 供应商名称 | 简称 | 所属分类 | 开户银行 | 开户账号 |
|---|---|---|---|---|---|
| 001 | 南湖制造厂 | 南湖 | 01 | 农行 | 9976669 |
| 002 | 海南五金厂 | 海南 | 02 | 建行 | 1234567 |

结算方式设置，如下表所示。

| 结算方式编码 | 结算方式名称 | 票据管理标志 |
|---|---|---|
| 1 | 支票 | |
| 101 | 现金支票 | 是 |
| 102 | 转账支票 | 是 |
| 2 | 现金结算 | 否 |
| 3 | 其他 | 否 |

付款条件设置，如下所述。

编号 001　3/10，2/20，N/30。

二、初始设置及档案录入

1. 设置凭证类别

凭证类别，如下表所示。

| 类别字 | 类别名称 | 限制类型 | 限制科目 |
|---|---|---|---|
| 收 | 收款凭证 | 借方必有 | 1001，1002 |
| 付 | 付款凭证 | 贷方必有 | 1001，1002 |
| 转 | 转账凭证 | 凭证必无 | 1001，1002 |

2. 开户银行

001 中国农业银行淮海路支行

账号：5532198561-0021

3. 外币设置

外币为美元，币符为 USD，使用固定汇率，汇率为 6.885。

4. 会计科目及期初余额

（1）指定科目

指定"库存现金"为现金总账科目；指定"银行存款"为银行总账科目。

（2）科目设置及余额录入

根据下面表格内容进行操作。

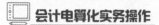

| 科目编码 | 科目名称 | 单位 | 辅助核算 | 方向 | 期初余额 |
|---|---|---|---|---|---|
| 1001 | 库存现金 | | 日记账 | 借 | 59600 |
| 1002 | 银行存款 | | 日记账、银行账 | 借 | 325600 |
| ◆ 100201 | 农行存款 | | 日记账、银行账 | 借 | 325000 |
| ◆ 100202 | 美元户 | | 外币核算（美元） | 借 | 600 |
| 1101 | 交易性金融资产 | | | 借 | 125000 |
| 1122 | 应收账款 | | 客户往来 | 借 | 300000 |
| 1221 | 其他应收款 | | 个人往来 | 借 | 5000 |
| 1231 | 坏账准备 | | | 贷 | 900 |
| 1403 | 原材料 | | | 借 | 340100 |
| ◆ 140301 | A 材料 | 千克 | 数量核算 | 借 | 185210 |
| | | | | 借 | 37042 |
| ◆ 140302 | B 材料 | 千克 | 数量核算 | 借 | 154890 |
| | | | | 借 | 34420 |
| 1405 | 库存商品 | | | 借 | 518000 |
| ◆ 140501 | 冰箱 | 台 | 数量核算 | 借 | 159600 |
| | | | | 借 | 80 |
| ◆ 140502 | 洗衣机 | 台 | 数量核算 | 借 | 358400 |
| | | | | 借 | 256 |
| 1411 | 周转材料 | | | 借 | 8800 |
| 1511 | 长期股权投资 | | | 借 | 300600 |
| 1601 | 固定资产 | | | 借 | 999600 |
| 1602 | 累计折旧 | | | 贷 | 109600 |
| 1604 | 在建工程 | | | 借 | 106000 |
| 1701 | 无形资产 | | | 借 | 190000 |
| 1801 | 长期待摊费用 | | | 借 | 1000 |
| 2001 | 短期借款 | | | 贷 | 100000 |
| 2201 | 应付票据 | | 供应商往来 | 贷 | |
| 2202 | 应付账款 | | 供应商往来 | 贷 | 122000 |
| 2211 | 应付职工薪酬 | | | 贷 | 28000 |
| ◆ 221101 | 工资 | | | 贷 | 20000 |
| ◆ 221102 | 职工福利 | | | 贷 | 8000 |
| 2221 | 应交税费 | | | 贷 | 37600 |
| ◆ 222101 | 应交增值税 | | | 贷 | |
| ◆ 22210101 | 进项税额 | | | 贷 | |
| ◆ 22210102 | 销项税额 | | | 贷 | |
| ◆ 22210103 | 进项税额转出 | | | 贷 | |
| ◆ 222102 | 应交消费税 | | | 贷 | |
| ◆ 222103 | 应交所得税 | | | 贷 | 37600 |
| 2241 | 其他应付款 | | | 贷 | 5000 |
| 2501 | 长期借款 | | | 贷 | 126500 |
| 4001 | 实收资本 | | | 贷 | 2500000 |
| 4101 | 盈余公积 | | | 贷 | 144000 |

| 科目编码 | 科目名称 | 单位 | 辅助核算 | 方向 | 期初余额 |
|---|---|---|---|---|---|
| 4104 | 利润分配 | | | 贷 | 105700 |
| ◆ 410401 | 未分配利润 | | | 贷 | 105700 |
| 5001 | 生产成本 | | | 借 | |
| ◆ 500101 | 冰箱 | | | 借 | |
| ◆ 500102 | 洗衣机 | | | 借 | |
| 5101 | 制造费用 | | | 借 | |
| 6001 | 主营业务收入 | | | 贷 | |
| ◆ 600101 | 冰箱 | 台 | 数量核算 | 贷 | |
| | | | | 贷 | |
| ◆ 600102 | 洗衣机 | 台 | 数量核算 | 贷 | |
| | | | | 贷 | |
| 6401 | 主营业务成本 | | | 借 | |
| ◆ 640101 | 冰箱 | 台 | 数量核算 | 借 | |
| | | | | 借 | |
| ◆ 640102 | 洗衣机 | 台 | 数量核算 | 借 | |
| | | | | | |
| 6601 | 销售费用 | | 部门核算 | 借 | |
| ◆ 660101 | 工资 | | 部门核算 | 借 | |
| ◆ 660102 | 广告费 | | 部门核算 | 借 | |
| 6602 | 管理费用 | | 部门核算 | 借 | |
| ◆ 660201 | 工资 | | 部门核算 | 借 | |
| ◆ 660202 | 办公费 | | 部门核算 | 借 | |
| ◆ 660203 | 折旧费 | | 部门核算 | 借 | |
| ◆ 660204 | 差旅费 | | 部门核算 | 借 | |
| ◆ 660205 | 其他 | | 部门核算 | 借 | |

（3）往来明细

根据下面表格内容进行操作。

应收账款期初余额明细（会计科目：1122 应收账款）

| 日期 | 凭证号 | 客户 | 摘要 | 方向 | 金额 | 业务员 | 票号 |
|---|---|---|---|---|---|---|---|
| 2016.2.22 | 转 -9 | 华普 | 销售商品 | 借 | 100000 | 刘威 | F001 |
| 2017.2.13 | 转 -12 | 文颂 | 销售商品 | 借 | 200000 | 周东 | F003 |

其他应收款期初余额明细（会计科目：1221 其他应收款）

| 日期 | 凭证号 | 部门 | 业务员 | 摘要 | 方向 | 金额 |
|---|---|---|---|---|---|---|
| 2017.2.5 | 付 -19 | 销售部 | 刘威 | 预支差旅费 | 借 | 5000 |

应付账款期初余额明细（会计科目：2202 应付账款）

| 日期 | 凭证号 | 客户 | 摘要 | 方向 | 金额 | 业务员 | 票号 |
|------|--------|------|------|------|------|--------|------|
| 2017.2.28 | 转 -20 | 南湖 | 购买材料 | 贷 | 68000 | 孙亮 | S001 |
| 2017.2.19 | 转 -22 | 海南 | 购买材料 | 贷 | 54000 | 赵国 | S003 |

5. 相关参数

出纳凭证必须由出纳签字。

三、企业 1 月份发生的经济业务

要求（一）：凭证由操作员"002"填制，"003"进行出纳签字，"001"审核、记账。

1 月 4 日，向南湖制造厂购入 B 材料 5000 千克，每千克 10 元，合计 50000 元，增值税 8500 元，材料已入库，货款尚未支付（业务员：孙亮、票号 S032）

1 月 5 日，财务部李爽预支差旅费 2000 元，以现金支付。

1 月 6 日，提取现金 20000 元（现金支票 001），并于当天发放工资。

1 月 7 日，财务部李爽报销差旅费 1600 元，交回现金 400 元，直接填写一张收款收据。

1 月 7 日，收到美元投资 20000 美元，存入美元户。

1 月 8 日，以银行存款支付水电费 6640 元，其中一车间 3676 元、总经理办公室 1964 元、财务部 1000 元（转账支票 006）。

1 月 8 日，收回已作为坏账确认的应收华普公司账款 900 元现金。

1 月 12 日，向文颂公司销售冰箱一批，开出的增值税专用发票注明数量 80 台，单价 4375 元，增值税为 59500 元，款项办妥托收手续。

1 月 18 日，结转已销冰箱实际成本 260000 元（数量 80 台，单位成本 3250 元）。

1 月 19 日，转账支付广告费 1000 元（转账支票 007）。

1 月 19 日，现金支付交通违章罚款 450 元。

1 月 20 日，以现金 600 元购入医药用品用于职工福利，另支付职工困难补助费 400 元。

1 月 20 日，销售一批 A 材料 10000 千克，增值税专用发票注明价款 100000 元，增值税 17000 元，款项收存银行（转账支票 008）。

1 月 22 日，上批 A 材料的实际成本 80000 元（数量 10000 千克，单价 8 元），按实际成本结转销售材料成本。

要求（二）：由"002"完成下列转账凭证，再由"001"进行审核、记账（要求每笔业务分别审核、记账后，再做下一笔业务）。

1月31日，自定义生成一张转账凭证，计提本月短期借款利息，年利率为12%。

1月31日，自定义生成一张转账凭证，计提本月坏账准备，坏账准备计提比例5%。

1月31日，生成一张转账凭证，结汇兑转损益（汇率6.7）。

1月31日，生成本月损益类账户结转利润的凭证（收入、支出分别结转）。

实验三　固定资产模块

[实验资料]

以"001　李爽"的身份进入账套115，启用"固定资产"模块，启用日期为2018年1月1日。

用户名"001　李爽"；密码为空；账套"115"；会计年度"2018年"；操作日期"2018年1月1日"。

一、初始化设置

1.启用

（1）启用固定资产系统

企业月份：2018年1月

主要折旧方法：平均年限法（一）

折旧分配周期：1个月

资产类别编码长度：2-1-1-2

自动编码：类别编码+序号，序号长度3位

与总账系统进行对账科目：固定资产1601，累计折旧1602，对账不符允许结账。

（2）固定资产基础设置

选项修改：业务发生后要立刻制单，月末结账前一定要完成制单登账业务，固定资产默认入账科目"1601"，累计折旧默认入账科目"1602"。

2.固定资产类别设置

固定资产类别，如下表所示。

| 编码 | 类别名称 | 使用年限 | 净残值率（%） | 计量属性 | 折旧方法 |
|------|---------|---------|-------------|---------|---------|
| 01 | 房屋建筑物 | 30 | 5 | 正常计提 | 平均年限法（一） |
| 02 | 生产用设备 | 5 | 3 | 正常计提 | 平均年限法（一） |
| 03 | 交通设备 | 8 | 5 | 正常计提 | 平均年限法（一） |
| 04 | 办公设备 | 3 | 3 | 正常计提 | 平均年限法（一） |

使用状况及增减类别均为系统默认设置。

3. 部门设置及对应折旧科目

根据下面表格内容进行操作。

| 部门编码 | 部门名称 | 对应折旧科目 |
|---|---|---|
| 1 | 综合管理部 | |
| 101 | 总经理办公室 | 管理费用 |
| 102 | 人事部 | 管理费用 |
| 2 | 财务部 | 管理费用 |
| 3 | 销售部 | 销售费用 |
| 4 | 采购部 | 管理费用 |
| 5 | 生产部 | |
| 501 | 生产一车间 | 制造费用 |
| 502 | 生产二车间 | 制造费用 |

4. 固定资产增减方式

根据下面表格内容进行操作。

| 增加 | 会计科目 | 减少 | 会计科目 |
|---|---|---|---|
| 直接购入 | 银行存款——工行存款 | 出售 | 固定资产清理 |
| 投资者投入 | 实收资本 | 投资转出 | 长期股权投资、其他股权投资 |
| 捐赠 | 营业外收入 | 捐赠转出 | 营业外支出 |
| 盘盈 | 以前年度损益调整 | 盘亏 | 待处理固定资产损溢 |
| 在建工程转入 | 在建工程 | 报废 | 固定资产清理 |

5. 原始卡片录入

原始卡片数据，如下表所示。

| 名称 | 类别编号 | 规格 | 所在部门 | 增加方式 | 使用年限（年） | 开始使用日期 | 原值 | 累计折旧 |
|---|---|---|---|---|---|---|---|---|
| 办公楼 | 01 | 五层 | 厂内 | 工程转入 | 30 | 2010.01.01 | 568000 | 50000 |
| 过滤泵 | 02 | 001 | 一车间 | 直接购入 | 10 | 2016.01.01 | 100000 | 10000 |
| 制糖设备 | 02 | 84756 | 二车间 | 直接购入 | 10 | 2014.06.01 | 150000 | 20000 |
| 奥迪车 | 03 | St2010 | 办公室 | 直接购入 | 10 | 2015.03.01 | 189600 | 29600 |

注：使用状况均为"在用"，折旧方法均采用平均年限法（一），卡片项目与卡片样式采用软件的标准设置。

二、日常业务

1. 新增

1月20日，直接购入并交付办公室使用一台计算机，预计使用5年，原值8000元，净残值率2%，采用"年数总和法"计提折旧（假定不考虑增值税）。

2. 编制凭证并审核记账

三、期末处理

1. 计提折旧

2.编制凭证并审核记账

实验四　工资管理模块

[实验资料]

以"001　李爽"的身份进入账套115，启用"工资管理"模块，启用日期为2018年1月1日。

用户名"001　李爽"；密码为空；账套"115"；会计年度"2018年"；操作日期"2018年1月1日"。

一、初始化

1.基础信息

工资类别：单个

币别：人民币

代扣个人所得税，扣零到元

人员编码长度：3位

人员附加信息：学历、技术职称

人员类别：企管人员、采购人员、销售人员、生产人员

2.设置工资项目

工资项目，如下表所示。

| 项目名称 | 类型 | 长度 | 小数位数 | 增减项 |
|---|---|---|---|---|
| 基本工资 | 数字 | 10 | 2 | 加项 |
| 岗位工资 | 数字 | 10 | 2 | 加项 |
| 住房公积金 | 数字 | 10 | 2 | 减项 |
| 缺勤天数 | 数字 | 8 | 2 | 其他 |

3.批量引入人员档案

人员档案，如下表所示。

| 职员编码 | 职员名称 | 所属部门 | 人员类别 |
|---|---|---|---|
| 101 | 毕文 | 总经理办公室 | 企管人员 |
| 102 | 王烨 | 人事部 | 企管人员 |
| 201 | 李爽 | 财务部 | 企管人员 |
| 202 | 邸微 | 财务部 | 企管人员 |
| 203 | 金子 | 财务部 | 企管人员 |
| 204 | 李晶 | 财务部 | 企管人员 |
| 301 | 周东 | 销售部 | 销售人员 |
| 302 | 刘威 | 销售部 | 销售人员 |
| 401 | 孙亮 | 采购部 | 采购人员 |
| 402 | 赵国 | 采购部 | 采购人员 |
| 501 | 唱明 | 生产一车间 | 生产人员 |
| 502 | 海燕 | 生产一车间 | 生产人员 |
| 503 | 郝丽 | 生产二车间 | 生产人员 |

4.设置计算公式

住房公积金 =（基本工资 + 岗位工资）×0.12

请假扣款 = 缺勤天数 ×100

二、日常业务

输入员工的工资数据，如下表所示。

| 职员编码 | 职员名称 | 基本工资 | 岗位工资 | 缺勤天数 |
|---|---|---|---|---|
| 101 | 毕文 | 4000 | 1000 | |
| 102 | 王烨 | 3000 | 8000 | |
| 201 | 李爽 | 4000 | 1000 | |
| 202 | 邸微 | 3000 | 8000 | 2 |
| 203 | 金子 | 3000 | 8000 | |
| 204 | 李晶 | 3000 | 8000 | |
| 301 | 周东 | 4000 | 1000 | |
| 302 | 刘威 | 3500 | 500 | |
| 401 | 孙亮 | 4000 | 1000 | 3 |
| 402 | 赵国 | 3500 | 500 | |
| 501 | 唱明 | 4000 | 1000 | |
| 502 | 海燕 | 2000 | 300 | |
| 503 | 郝丽 | 2000 | 300 | |

三、期末处理

1.工资分摊

根据下面表格内容进行操作。

| 计提 | 部门 | 类别 | 项目 | 借方科目 | 贷方科目 |
|---|---|---|---|---|---|
| 工资分配 | 综合管理部 | 企管人员 | 应发合计 | 管理费用——工资 | 应付职工薪酬——工资 |
| | 财务部 | 企管人员 | 应发合计 | 管理费用——工资 | |
| | 采购部 | 采购人员 | 应发合计 | 销售费用——工资 | |
| | 销售部 | 销售人员 | 应发合计 | 销售费用——工资 | |
| | 生产部 | 生产人员 | 应发合计 | 制造费用 | |

编制凭证并审核、记账。

2.结转期末损益

四、报表业务处理

启动 UFO 报表系统，调用报表模板，选择的行业性质是"2007 年新会计准则"（一般企业），生成利润表和资产负债表，进行账中取数和试算平衡，并将其保存到"D:\ZH 自己名 03"，命名为"利润表 .rep"和"资产负债表 .rep"。

五、新建报表

（一）新建"资产负债表简表 .rep"，定义表的尺寸为 9 行 4 列、行高

8、列宽20，如下表所示。

### 资产负债表简表（合并单元格，居中）

| 资产 | 期末数 | 负债及所有者权益 | 期末数 |
|------|--------|------------------|--------|
| 货币资金 | | 短期借款 | |
| 应收账款 | | 应付账款 | |
| 其他应收款 | | 应交税费 | |
| 固定资产 | | 实收资本 | |
| …… | | …… | |
| 合计 | | 合计 | |

①设置 C 列、D 列的列宽为30，文字为"黑体，14号，垂直居中对齐"；

将区域 C3:D9 进行区域画线，线型为"网线"，样式为第三种；

将 A3 单元格设置为行高 10、列宽 25。

②判断并设置单元格计算公式。

③对"A2"定义关键字为"单位名称"。

④对"C2"定义关键字为"年"，偏移量为 -130。

⑤对"D2"定义关键字为"月"，偏移量为 -100。

⑥打开"资产负债表——简表"。

（二）新建"货币资金表 .rep"，定义表的尺寸为 7 行 3 列、行高 12、列宽 20，如下表所示。

### 货币资金表

| 项目 | 期初数 | 期末数 |
|------|--------|--------|
| 库存现金 | | |
| 银行存款 | | |
| 其他货币资金 | | |
| 合计 | | |

①判断并设置单元格计算公式。

②对"A2"定义关键字为"单位名称"。

③对"B2"定义关键字为"年"，偏移量为 -130。

④对"C2"定义关键字为"月"，偏移量为 -100。

## 试题四

考前要求：1. 先在 D 盘建立文件夹，名称为"ZH 自己名 04"。

2. 做完后：数据备份，并将数据存到"D:\ZH 自己名 04"。

一、账套设置

1. 增加操作员

"ZY 张妍"账套主管

"LM 李铭"操作员

"WY 王阳"操作员

2.账套信息

账套号：112

账套名称：北方传媒电脑公司

启用会计期：2018 年 1 月

单位名称：北方传媒电脑公司

单位简称：北方传媒

账套主管：张妍

企业类型：工业

行业性质：2007 年新准则（按行业性质预置科目）

基础信息：存货分类，供应商、客户分类，无外币核算

编码方案：科目编码 4-2-2-2，部门编码 1-2，客户分类编码 1-2，结算方式编码 1-1，存货分类编码 2-2-2

其他编码规则默认。

数据精度：均为两位小数

启用模块：总账、固定资产、工资管理模块

启用日期：2018 年 1 月 1 日

3.设置操作员权限

"LM 李铭"拥有"账套主管"的权限，"WY 王阳"拥有"总账""固定资产""工资管理"中的所有权限。

二、基础设置

部门设置，如下表所示。

| 部门编码 | 部门名称 | 部门属性 |
|---|---|---|
| 1 | 销售部 | 销售部门 |
| 101 | 销售一部 | 销售部门 |
| 102 | 销售二部 | 销售部门 |
| 2 | 财务部 | 财务部门 |
| 3 | 人事部 | 人事部门 |
| 4 | 生产部 | 生产部门 |
| 401 | 一车间 | 生产部门 |
| 402 | 二车间 | 生产部门 |
| 5 | 采购部 | 采购部门 |

职员档案，如下表所示。

| 职员编码 | 职员姓名 | 所属部门 |
|---|---|---|
| 101 | 宋兰 | 一车间 |
| 102 | 赵宏 | 二车间 |
| 201 | 张雪 | 采购部 |
| 301 | 雷磊 | 销售一部 |
| 302 | 何亮 | 销售二部 |

结算方式，如下表所示。

| 结算方式编码 | 结算方式名称 |
|---|---|
| 1 | 现金结算 |
| 2 | 支票结算 |
| 21 | 现金支票 |
| 22 | 转账支票 |
| 3 | 其他 |

客户分类，如下表所示。

| 分类编码 | 分类名称 |
|---|---|
| 1 | 国内 |
| 101 | 辽宁地区 |
| 102 | 河北地区 |
| 2 | 国外 |
| 201 | 美国 |
| 202 | 法国 |

客户档案，如下表所示。

| 客户编号 | 名称 | 简称 | 所属分类 |
|---|---|---|---|
| 001 | 北京华发公司 | 北京华发 | 101 |
| 002 | 石家庄达发公司 | 达发 | 102 |
| 003 | 美国昌运公司 | 美国昌运 | 201 |
| 004 | 法国利群公司 | 法国利群 | 202 |

供应商分类，如下表所示。

| 分类编码 | 分类名称 |
|---|---|
| 01 | 货物 |
| 02 | 服务 |

供应商档案，如下表所示。

| 客户编号 | 名称 | 简称 | 所属分类 |
|---|---|---|---|
| 01 | 益达公司 | 益达 | 01 |
| 02 | 兴华公司 | 兴华 | 01 |
| 03 | 泛美商行 | 泛美 | 02 |
| 04 | 艾德公司 | 艾德 | 02 |

仓库档案，如下表所示。

| 仓库编码 | 仓库名称 | 计价方式 |
|---|---|---|
| 1 | 原料仓库 | 移动平均 |
| 2 | 成品仓库 | 移动平均 |
| 3 | 零件仓库 | 移动平均 |

三、基础操作设置

1. 设置"001 重要数据备份"

每月对重要数据进行账套备份，发生天数为 1 天，从凌晨零点开始，有效触发时间为 3 小时，旧账套数据保留 5 天。

对 112 账套进行备份，数据保存到"D：\考生姓名"路径下。

2. 增加企业税号 21071131904235X，有外币核算

外币为美元，币符为 USD，汇率小数位 2 位，最大误差 0.01，折算方式为外币 × 外汇 = 本位币，使用固定汇率，1 月份记账汇率为 8.66。

3. 设置指定科目

指定"现金总账科目 1001""银行总账科目 1002"。

应收账款设置为客户往来科目，应付账款设置为供应商往来科目，其他应收款设置为个人往来科目。

4. 定义凭证类别

收付转凭证，凭证限制和会计科目自设。

5. 修改职员档案

301 雷磊修改为"销售二部"；

302 何亮修改为"销售一部"。

6. 定义存货分类

存货分类，如下表所示。

| 编码 | 名称 |
|---|---|
| 01 | 产成品 |
| 02 | 半成品 |
| 03 | 外购品 |
| 04 | 原材料 |
| 05 | 应税劳务 |

7. 定义存货档案

存货档案，如下表所示。

| 存货编码 | 存货名称 | 计量单位 | 存货属性 | 所属分类 | 税率 |
|---|---|---|---|---|---|
| 0101 | 电脑 P3 | 台 | 自制 / 销售 | 产成品 | 17 |
| 0102 | 电脑 P4 | 台 | 自制 / 销售 | 产成品 | 17 |
| 0201 | 主机 P3 | 台 | 自制 / 销售 / 生产耗用 | 半成品 | 17 |
| 0202 | 主机 P4 | 台 | 自制 / 销售 / 生产耗用 | 半成品 | 17 |
| 0301 | 显示器 | 台 | 自制 / 销售 / 生产耗用 | 外购品 | 17 |
| 0302 | 鼠标 | 个 | 自制 / 销售 / 生产耗用 | 外购品 | 17 |
| 0303 | 键盘 | 个 | 自制 / 销售 / 生产耗用 | 外购品 | 17 |
| 0304 | 内存条 | 条 | 自制 / 销售 / 生产耗用 | 外购品 | 17 |
| 0305 | 硬盘 | 个 | 自制 / 销售 / 生产耗用 | 外购品 | 17 |

8. 付款条件

编码 001　3/10，1/20，N/30。

9. 开户银行

编号 001　中国银行

账号：123456789

10. 涉及会计科目

会计科目及其他信息，如下表所示。

| 科目代码 | 科目名称 | 辅助核算 | 借方 | 贷方 |
|---|---|---|---|---|
| 1001 | 库存现金 | 日记账 | 6775.5 | |
| 1002 | 银行存款 | 日记账、银行账 | 159388.89 | |
| 100201 | 招商银行 | 日记账、银行账 | 159388.89 | |
| 100202 | 中国银行 | 日记账、银行账 外币（美元） | | |
| 1101 | 交易性金融资产 | | 16020 | |
| 1122 | 应收账款 | 客户往来 | 157600 | |
| 1231 | 坏账准备 | | | 780 |
| 1221 | 其他应收款 | 个人往来 | 5780 | |
| 1403 | 原材料 | | 238384.16 | |
| 140301 | P1 零配件 | 数量金额 | 238384.16 | |
| | | 个 | | 3000 |
| 140302 | P2 零配件 | 数量金额 | | |
| | | 个 | | |
| 1405 | 库存商品 | 数量金额 | 266965.8 | |
| 140501 | 硬盘 | 数量金额 | 68376 | |
| | | 个 | | 100 |
| 140502 | 电脑 P3 | 数量金额 | 143589.8 | |
| | | 台 | | 20 |
| 140503 | 内存条 | 数量金额 | 15000 | |
| | | 条 | | 100 |
| 140504 | 主板 | 数量金额 | 40000 | |
| | | 个 | | 50 |
| 1601 | 固定资产 | | 1480000 | |
| 1602 | 累计折旧 | | | 248186.66 |

续表

| 科目代码 | 科目名称 | 辅助核算 | 借方 | 贷方 |
|---|---|---|---|---|
| 2001 | 短期借款 | | | 410000 |
| 2201 | 应付票据 | 供应商往来 | | |
| 2202 | 应付账款 | 供应商往来 | | 276850 |
| 2211 | 应付职工薪酬 | | | 12500 |
| 221101 | 工资 | | | 12500 |
| 221102 | 职工福利 | | | |
| 2221 | 应交税费 | | | 3520 |
| 222101 | 应交增值税 | | | |
| 22210101 | 进项税额 | | | |
| 22210102 | 销项税额 | | | |
| 22210103 | 进项税额转出 | | | |
| 222102 | 应交消费税 | | | |
| 222103 | 应交所得税 | | | |
| 222104 | 未交增值税 | | | 3200 |
| 222105 | 应交城建税 | | | 224 |
| 222106 | 应交教育费附加 | | | 96 |
| 2501 | 长期借款 | | | |
| 4001 | 实收资本 | | | 1500 000 |
| 4104 | 利润分配 | | | −120922.31 |
| 410401 | 未分配利润 | | | −120922.31 |
| 6602 | 管理费用 | 部门核算 | | |
| 660201 | 工资 | 部门核算 | | |
| 660202 | 办公费 | 部门核算 | | |
| 660203 | 折旧费 | 部门核算 | | |
| 660204 | 差旅费 | 部门核算 | | |
| 660205 | 水电费 | 部门核算 | | |
| 6603 | 财务费用 | | | |
| 660301 | 利息收入 | | | |
| 660302 | 汇兑损益 | | | |

### 应收账款期初余额明细（会计科目：1122 应收账款）

| 日期 | 凭证号 | 客户 | 摘要 | 方向 | 金额 |
|---|---|---|---|---|---|
| 2017-2-22 | 转 -9 | 华发公司 | 销售商品 | 借 | 99600 |
| 2017-2-23 | 转 -12 | 昌运公司 | 销售商品 | 借 | 58000 |

### 其他应收账款期初余额明细（会计科目：1221 其他应收账款）

| 日期 | 凭证号 | 部门（人员） | 摘要 | 方向 | 金额 |
|---|---|---|---|---|---|
| 2017-2-22 | 付 -3 | 采购部（张雪） | 预支差旅费 | 借 | 5000 |
| 2017-2-23 | 付 -12 | 销售二部（雷磊） | 预支差旅费 | 借 | 780 |

### 应付账款期初余额明细（会计科目：2202 应付账款）

| 日期 | 凭证号 | 客户 | 摘要 | 方向 | 金额 |
|---|---|---|---|---|---|
| 2017–11–22 | 转 –20 | 兴华公司 | 采购材料 | 贷 | 176850 |
| 2017–11–23 | 转 –22 | 益达公司 | 采购材料 | 贷 | 100000 |

11. 相关参数

出纳凭证必须由出纳签字。

不允许修改、作废他人填制的凭证。

制单不序时控制。

12. 固定资产初始设置

（1）启用固定资产系统

企业月份：2018 年 1 月

主要折旧方法：平均年限法（一）

折旧分配周期：1 个月

资产类别编码长度：2–1–1–2

自动编码：类别编码 + 序号，序号长度 4 位

与总账系统进行对账科目：固定资产 1601，累计折旧 1602，对账不符不允许结账。

（2）固定资产基础设置

选项修改：业务发生后要立刻制单。

月末结账前一定要完成制单登账业务。

固定资产默认入账科目：自选

累计折旧默认入账科目：自选

可抵扣税额入账科目：应交税费——应交增值税（进项税额）

（3）设置增减方式对应入账科目

直接购入：银行存款——招商银行

出售：固定资产清理

（4）录入部门及对应折旧科目

（5）设置固定资产类别

固定资产类别及其他信息，如下表所示。

| 编码 | 类别名称 | 使用年限 | 净残值率（%） | 计量属性 | 折旧方法 |
|---|---|---|---|---|---|
| 01 | 房屋建筑物 | 30 | 5 | 正常计提 | 平均年限法（一） |
| 02 | 生产用设备 | 5 | 3 | 正常计提 | 平均年限法（一） |
| 03 | 交通设备 | 8 | 3 | 正常计提 | 平均年限法（一） |
| 04 | 办公设备 | 3 | 3 | 正常计提 | 平均年限法（一） |

（6）固定资产原始卡片

固定资产原始卡片数据，如下表所示。

| 名称 | 类别编号 | 所在部门 | 增加方式 | 使用年限（年） | 开始使用日期 | 原值 | 累计折旧 |
|------|---------|---------|---------|-------------|-------------|------|---------|
| 铣床 | 01 | 一车间 | 直接购入 | 30 | 2010-1-1 | 1000000 | 185916.66 |
| 交换机 | 02 | 二车间 | 直接购入 | 10 | 2011-1-1 | 180000 | 23280 |
| 商务轿车 | 03 | 销售一部 | 直接购入 | 8 | 2014-2-1 | 250000 | 36240 |
| 电脑 | 04 | 销售二部 | 直接购入 | 3 | 2015-3-4 | 50000 | 2750 |
| 合计 | | | | | | 1480000 | 248186.66 |

13. 薪酬管理初始设置

（1）工资类别：多个

管理人员工资类别，所属部门为财务部、人事部、销售一部、销售二部。启用日期"2018-1-1"。

生产人员工资类别，所属部门为生产一部、生产二部。启用日期"2018-1-1"。

（2）币别：人民币

（3）代扣个人所得税

（4）工资不扣零

（5）人员编码长度：4位

（6）人员附加信息：学历、技术职称

（7）人员类别：企管人员、生产人员

（8）设置工资项目

工资项目及其他信息，如下表所示。

| 项目名称 | 类型 | 长度 | 小数位数 | 增减项 |
|---------|------|------|---------|-------|
| 基本工资 | 数字 | 10 | 2 | 加项 |
| 岗位工资 | 数字 | 10 | 2 | 加项 |
| 住房补贴 | 数字 | 10 | 2 | 加项 |
| 事假天数 | 数字 | 8 | 2 | 其他 |
| 事假扣款 | 数字 | 10 | 2 | 减项 |
| 病假天数 | 数字 | 8 | 2 | 其他 |
| 病假扣款 | 数字 | 10 | 2 | 减项 |

（9）批量引入人员档案

修改人员类别。

（10）设置计算公式

管理人员工资类别：

住房补贴 =（基本工资 + 岗位工资）× 0.24

生产人员工资类别：

事假扣款 = 事假天数 × 100

病假扣款＝病假天数 × 50

（11）录入人员工资数据

人员工资数据，如下表所示。

| 职员编码 | 职员姓名 | 所属部门 | 基本工资 | 岗位工资 | 住房补贴 | 病假天数 | 事假天数 |
|---|---|---|---|---|---|---|---|
| 101 | 宋兰 | 一车间 | 3500 | 1000 | 300 | 3 | 1 |
| 102 | 赵宏 | 二车间 | 3500 | 1000 | 300 | 1 | 1 |
| 201 | 张雪 | 采购部 | 3000 | 1000 | 300 |  | 1 |
| 301 | 雷磊 | 销售二部 | 4000 | 1500 | 400 | 1 | 3 |
| 302 | 何亮 | 销售一部 | 4000 | 1500 | 400 | 2 | 3 |

注：个人所得税扣税基数为 3500 元。

四、1 月份发生下列经济业务

要求：ZY 填制凭证、出纳签字、记账，WY 审核凭证。

1 月 5 日，收到华发公司 2017 年销售商品货款 99600 元，存入招商银行（业务员张雪，转账支票 4456）。

1 月 6 日，公司从招商银行提取现金 20000 元（现金支票 7744）。

1 月 6 日，上交上月未交增值税 3200 元、城市维护建设税 224 元、教育费附加 96 元，直接转账支付。

1 月 7 日，向石家庄达发公司销售硬盘 30 个，不含税单价为 1200 元，增值税税率 17%（业务员雷磊，货款尚未收到）。

1 月 8 日，银行转来自来水公司委托收款结算凭证，支付上月水费 11140 元，其中一车间 3676 元、二车间 4500 元、人事部 1964 元、财务部 1000 元。

1 月 8 日，采购部张雪报销差旅费 5265 元，支付现金 265 元。

1 月 9 日，开出转账支票，支付上月工资 12500 元。

1 月 13 日，从益达公司购入 P2 零配件 1000 个，不含税单价 30 元，开出 3 个月无息商业承兑汇票支付（业务员张雪，材料已验收入库）。

1 月 16 日，生产一车间申请购入生产用机床一台，增值税专用发票注明价款 25000 元，税率 17%，招商银行转账支付，票号 12345（机床编号 05，类别 02，型号 EH-002，使用年限 10 年，净残值 3%）。

1 月 17 日，收到外单位因不履行合同而支付的赔偿款 4800 元。

1 月 18 日，向华发公司销售 P3 电脑 10 台，不含税单价 3000 元，增值税 5100 元（业务员雷磊，以电汇方式结算款项）。

1 月 19 日，银行存款支付销售一部广告费 1000 元（转账支票 008）。

1 月 19 日，现金支付交通违章罚款 450 元。

1月20日，人事部现金支付业务招待费1000元。

1月26日，业务员何亮收到昌运公司一张支票存入招商银行，支付货款80000元（支票号3300）。

1月26日，公司报销电话费用，其中财务部2110元、人事部1340元、销售一部3473元、销售二部3072元，以现金支付。

1月26日，收到招商银行对账单，银行存款利息收入6250元。

1月28日，结转本月销售产品成本，30个硬盘，单位成本683.76元；10台电脑，单位成本7179.49元。

1月31日，计提固定资产折旧。

1月31日，发现26日凭证错误，修改报销电话部门"人事部"为"采购部"。

1月31日，生产工资分摊凭证（以工资分摊项目中"应发工资"项目分摊）。

1月31日，按应发工资的2%分摊工会经费。

五、自定义转账

要求：由"ZY"生成转账凭证、记账，WY审核凭证（要求每个业务分别审核、记账后，再做下一个业务）。

1月31日，自定义生成一张转账凭证，计提本月短期借款利息，年利率为12%。

1月31日，生成结转损益的凭证（收入、支出分别结转）。

1月31日，自定义生成一张转账凭证，计提本月企业所得税，所得税税率25%（无纳税调整项目）。

1月31日，自定义生成一张转账凭证，结转所得税费用。

1月31日，自定义生成一张转账凭证，结转净利润（或亏损）。

六、报表

1. 调用模板

调用模板生成资产负债表，以"资产负债表＋自己名"保存到"D:\ZH自己名04"。

调用模板生成利润表，以"利润表＋自己名"保存到"D:\ZH自己名04"。

2. 自定义报表（公式设定）

根据下面的"资产负债表"进行设置。

| 资产 | 期初数 | 期末数 | 负债及所有者权益 | 期初数 | 期末数 |
|---|---|---|---|---|---|
| 货币资金 | | | 短期借款 | | |
| 应收账款 | | | 应付职工薪酬 | | |
| 其他应收款 | | | 应付账款 | | |
| 存货 | | | 应交税费 | | |
| 固定资产 | | | 实收资本 | | |
| | | | 资本公积 | | |
| 合计 | | | 合计 | | |

# 试题五

考前要求：1. 先在 D 盘建立文件夹，名称为"ZH 自己名 05"。

2. 做完后：数据备份，并将数据保存到"D:\ZH 自己名 05"。

## 一、系统管理和基础信息设置

1. 操作员

设置操作员权限，如下表所示。

| 编号 | 姓名 | 所属部门 | 权限 |
|---|---|---|---|
| CW31 | 自己名 | 财务部 | 账套主管 |
| CW32 | 李丽霞 | 财务部 | 总账中审核凭证 |
| CW33 | 张翠勤 | 财务部 | 总账中出纳签字、现金管理 |

2. 账套信息

账套号：193

账套名称：好美家有限公司（简称：好美家公司）

启用会计期：2018 年 1 月

单位地址：南都市开发区开创大道 111 号

法人代表：陈美好

记账本位币：人民币

科目编码方案：4-2-2-2；部门编码：1-1

启用模块：总账、固定资产、工资管理模块

启用日期：2018 年 1 月 1 日

## 二、基础档案设置

部门档案，如下表所示。

| 部门编码 | 部门名称 |
|---|---|
| 1 | 企管部 |
| 2 | 财务部 |
| 3 | 生产部 |
| 31 | 车间办 |
| 32 | A 生产线 |
| 33 | B 生产线 |
| 4 | 采购部 |
| 5 | 专设销售部 |

职员档案，如下表所示。

| 职员编码 | 职员名称 | 所属部门 |
|---|---|---|
| 1001 | 杨帆 | 企管部 |
| 1002 | 张广宁 | 企管部 |
| 2001 | 自己名 | 财务部 |
| 2002 | 李丽霞 | 财务部 |
| 2003 | 张翠勤 | 财务部 |
| 3101 | 刘晓华 | 车间办 |
| 3201 | 刘念祖 | A 生产线 |
| 3202 | 王峰 | A 生产线 |
| 3301 | 冯兵 | B 生产线 |
| 3302 | 王谦玲 | B 生产线 |
| 4001 | 卢海潮 | 采购部 |
| 4002 | 周海秋 | 采购部 |
| 5001 | 谢健 | 专设销售部 |
| 5002 | 古高声 | 专设销售部 |

客户档案，如下表所示。

| 客户编码 | 客户名称 | 客户简称 |
|---|---|---|
| K01 | 天和贸易公司 | 天和贸易 |
| K02 | 东海饮食集团 | 东海饮食 |

供应商档案，如下表所示。

| 供应商编码 | 供应商名称 | 供应商简称 |
|---|---|---|
| G01 | 扬子石化厂 | 扬子石化 |
| G02 | 大庆石化厂 | 大庆石化 |
| G03 | 南方电力公司 | 南方电力 |

外币种类，如下表所示。

| 币符 | 币名 | 初始汇率 |
|---|---|---|
| USD | 美元 | 6.7975 |

三、会计科目、凭证类别、结算方式

1. 会计科目

指定科目    现金总账：1001　库存现金

银行总账：1002　银行存款

根据下面表格内容进行操作。

| 科目编码 | 科目名称 | 辅助核算 | 计量单位 |
|---|---|---|---|
| 1002 | 银行存款 | | |
| 100201 | 工商银行 | | |
| 100202 | 中国银行 | 美元 | |
| 100203 | 招商银行 | | |
| 1122 | 应收账款 | 客户往来 | |
| 1123 | 预付账款 | 供应商往来 | |
| 1221 | 其他应收款 | 个人往来 | |
| 1403 | 原材料 | | |
| 140301 | 聚乙烯 | | |
| 140302 | 聚丙烯 | | |
| 1405 | 库存商品 | | |
| 140501 | 普通托盘 | 数量核算 | 个 |
| 140502 | 优质托盘 | 数量核算 | 个 |
| 2202 | 应付账款 | 供应商往来 | |
| 2203 | 预收账款 | 客户往来 | |
| 2211 | 应付职工薪酬 | | |
| 221101 | 工资 | | |
| 221102 | 社保费 | | |
| 2221 | 应交税费 | | |
| 222101 | 所得税 | | |
| 222102 | 应交增值税 | | |
| 22210201 | 进项税额 | | |
| 22210202 | 销项税额 | | |
| 222103 | 未交增值税 | | |
| 222104 | 应交城建税 | | |
| 222105 | 应交教育费附加 | | |
| 222106 | 应交个人所得税 | | |
| 5001 | 生产成本 | | |
| 500101 | 普通托盘 | | |
| 500102 | 优质托盘 | | |
| 5101 | 制造费用 | | |
| 510101 | 工资 | | |
| 510102 | 社保费 | | |
| 510103 | 折旧费 | | |
| 51014 | 其他 | | |
| 6001 | 主营业务收入 | | |
| 600101 | 普通托盘 | 数量核算 | 个 |
| 600102 | 优质托盘 | 数量核算 | 个 |
| 6401 | 主营业务成本 | | |

续表

| 科目编码 | 科目名称 | 辅助核算 | 计量单位 |
|---|---|---|---|
| 640101 | 普通托盘 | 数量核算 | 个 |
| 640102 | 优质托盘 | 数量核算 | 个 |
| 6602 | 管理费用 | | |
| 660201 | 工资 | 部门核算 | |
| 660202 | 社会保险 | 部门核算 | |
| 660203 | 折旧费 | 部门核算 | |
| 660204 | 水电费 | 部门核算 | |
| 660205 | 其他 | 部门核算 | |

2. 凭证类别

根据下面表格内容进行操作。

| 类别字 | 类别名称 | 限制类型 | 限制科目 |
|---|---|---|---|
| 收 | 收款凭证 | 借方必有 | 1001，100201，100202，100203 |
| 付 | 付款凭证 | 贷方必有 | 1001，100201，100202，100203 |
| 转 | 转账凭证 | 凭证必无 | 1001，100201，100202，100203 |

3. 结算方式

根据下面表格内容进行操作。

| 编码 | 名称 |
|---|---|
| 1 | 支票 |
| 2 | 转账 |
| 3 | 委托收款 |
| 4 | 其他 |

四、总账系统期初余额

1. 总账参数

制单不序时控制。

不允许修改、作废他人填制的凭证。

出纳凭证必须经由出纳员签字。

不使用其他系统受控科目。

新增凭证时，自动带入最后一次录入的凭证日期。

2. 科目期初余额，如下表所示。

| 科目编码 | 科目名称 | 方向 | 外币币种计量单位 | 期初余额 |
|---|---|---|---|---|
| 1001 | 库存现金 | 借 | | 12300 |
| 1002 | 银行存款 | 借 | | 1321980.33 |
| 100201 | 工商银行 | 借 | | 1240410.33 |
| 100202 | 中国银行 | 借 | | 81570 |
| | | 借 | 美元 | 12000 |

续表

| 科目编码 | 科目名称 | 方向 | 外币币种计量单位 | | 期初余额 |
|---|---|---|---|---|---|
| 100203 | 招商银行 | 借 | | | |
| 1122 | 应收账款 | 借 | | | |
| 1123 | 预付账款 | 借 | | | |
| 1221 | 其他应收款 | 借 | | | |
| 1403 | 原材料 | 借 | | | 56200 |
| 140301 | 聚乙烯 | 借 | | | 33000 |
| 140302 | 聚丙烯 | 借 | | | 23200 |
| 1405 | 库存商品 | 借 | | | 47000 |
| 140501 | 普通托盘 | 借 | | | 27000 |
| | | | | 个 | 3000 |
| 140502 | 优质托盘 | 借 | | | 20000 |
| | | | | 个 | 2000 |
| 1601 | 固定资产 | 借 | | | 1973760 |
| 1602 | 累计折旧 | 贷 | | | 174984 |
| 1701 | 无形资产 | 借 | | | 50000 |
| 1702 | 累计摊销 | 贷 | | | 41667 |
| 2201 | 短期借款 | 贷 | | | 200000 |
| 221101 | 工资 | 贷 | | | 68000 |
| 2202 | 应付账款 | | | | |
| 2203 | 预收账款 | | | | |
| 2221 | 应交税费 | 贷 | | | 9985.68 |
| 222101 | 所得税 | 贷 | | | 2725.68 |
| 222102 | 应交增值税 | | | | |
| 22210201 | 进项税额 | | | | |
| 22210202 | 销项税额 | | | | |
| 222103 | 未交增值税 | 贷 | | | 6600 |
| 222104 | 应交城建税 | 贷 | | | 462 |
| 222105 | 应交教育费附加 | 贷 | | | 198 |
| 222106 | 应交个人所得税 | | | | |
| 4001 | 实收资本 | 贷 | | | 2310666.45 |
| 4101 | 资本公积 | 贷 | | | 468000 |
| 4102 | 盈余公积 | 贷 | | | 207457.20 |
| 500101 | 普通托盘 | | | | |
| 500102 | 优质托盘 | | | | |
| 600101 | 普通托盘 | | | 个 | |
| 600102 | 优质托盘 | | | 个 | |
| 640101 | 普通托盘 | | | 个 | |
| 640102 | 优质托盘 | | | 个 | |
| 660101 | 工资 | | | | |
| 660102 | 社保费 | | | | |

续表

| 科目编码 | 科目名称 | 方向 | 外币币种计量单位 | 期初余额 |
|---|---|---|---|---|
| 660103 | 折旧费 | | | |
| 660201 | 工资 | | | |
| 660202 | 社会保险 | | | |
| 660203 | 折旧费 | | | |
| 660204 | 水电费 | | | |
| 660205 | 其他 | | | |

应收账款期初余额：

2017 年 12 月 23 日，向天和贸易公司销售托盘款 70200 元，款未收。

其他应收款期初余额：

2017 年 12 月 12 日，采购部周海秋借差旅费 6000 元；

2017 年 12 月 20 日，专设销售部谢健借差旅费 6000 元；

2017 年 12 月 22 日，企管部张广宁借差旅费 3000 元。

应付账款期初余额：

2017 年 12 月 31 日，向大庆石化厂购买材料 20000 元；

2017 年 12 月 31 日，分配南方电力公司电费 15680 元。

预付账款期初余额：

2017 年 12 月 25 日，向扬子石化厂预付材料 20000 元。

预收账款期初余额：

2017 年 12 月 23 日，预收东海饮食集团订金 50000 元。

五、工资管理系统

1. 基本信息

工资类别：单个

币种：人民币

从工资中代扣个人所得税

人员编码长度：4 位

2. 人员类别

总经理、经理、文员、工人、业务员。

3. 代发工资银行

工商银行白云支行，账号长度为 11 位。

4. 工资项目

工资项目及其他信息，如下表所示。

| 名称 | 类型 | 长度 | 小数 | 增减项 |
|------|------|------|------|--------|
| 基本工资 | 数字 | 10 | 2 | 增项 |
| 岗位工资 | 数字 | 10 | 2 | 增项 |
| 奖金 | 数字 | 10 | 2 | 增项 |
| 应发合计 | 默认 | 默认 | 默认 | 默认 |
| 社保费 | 数字 | 8 | 2 | 减项 |
| 缺勤天数 | 数字 | 3 | 0 | 其他 |
| 缺勤扣款 | 数字 | 8 | 2 | 减项 |
| 扣款合计 | 默认 | 默认 | 默认 | 默认 |

5. 人员档案（批量引入）

6. 工资计算公式

社保费 = 应发合计 ×0.03

缺勤扣款 = 缺勤天数 ×50

7. 工资数据

不同人员的工资数据，如下表所示。

| 职员编码 | 职员名称 | 所属部门 | 人员类别 | 基本工资 | 奖金 | 缺勤天数 |
|----------|----------|----------|----------|----------|------|----------|
| 1001 | 杨帆 | 企管部 | 总经理 | 4000 | 2000 | |
| 1002 | 张广宁 | 企管部 | 文员 | 2000 | 1000 | 1 |
| 2001 | 自己名 | 财务部 | 经理 | 3000 | 1500 | |
| 2002 | 李丽霞 | 财务部 | 文员 | 2000 | 1000 | |
| 2003 | 张翠勤 | 财务部 | 文员 | 2000 | 1000 | |
| 3101 | 刘晓华 | 车间办 | 经理 | 3000 | 1500 | |
| 3201 | 刘念祖 | A生产线 | 工人 | 1500 | 1300 | |
| 3202 | 王峰 | A生产线 | 工人 | 1500 | 1600 | |
| 3301 | 冯兵 | B生产线 | 工人 | 1500 | 1400 | |
| 3302 | 王谦玲 | B生产线 | 工人 | 1500 | 1400 | |
| 4001 | 卢海潮 | 采购部 | 经理 | 3000 | 1500 | |
| 4002 | 周海秋 | 采购部 | 业务员 | 1800 | 900 | |
| 5001 | 谢健 | 专设销售部 | 经理 | 3000 | 1500 | |
| 5002 | 古高声 | 专设销售部 | 业务员 | 1800 | 900 | |

岗位工资：总经理1200元，经理1000元，文员700元，其他人员600元。

8. 个人所得税

扣除额为3500元，附加减除费用1300元。

9. 工资分配

按人员类别和应发合计分配，如下表所示。

| 所属部门 | 人员类别 | 借方科目 | 贷方科目 |
|---|---|---|---|
| 企管部 | 总经理 | 管理费用——工资 | 应付职工薪酬——工资 |
| 企管部 | 文员 | 管理费用——工资 | 应付职工薪酬——工资 |
| 财务部 | 经理 | 管理费用——工资 | 应付职工薪酬——工资 |
| 财务部 | 文员 | 管理费用——工资 | 应付职工薪酬——工资 |
| 车间办 | 经理 | 制造费用——工资 | 应付职工薪酬——工资 |
| A生产线 | 工人 | 制造费用——工资 | 应付职工薪酬——工资 |
| B生产线 | 工人 | 制造费用——工资 | 应付职工薪酬——工资 |
| 采购部 | 经理 | 管理费用——工资 | 应付职工薪酬——工资 |
| 采购部 | 业务员 | 管理费用——工资 | 应付职工薪酬——工资 |
| 专设销售部 | 经理 | 销售费用——工资 | 应付职工薪酬——工资 |
| 专设销售部 | 业务员 | 销售费用——工资 | 应付职工薪酬——工资 |

10.社保费分配

按人员类别和应发合计分配，如下表所示。

| 所属部门 | 人员类别 | 借方科目 | 贷方科目 |
|---|---|---|---|
| 企管部 | 总经理 | 管理费用——社保费 | 应付职工薪酬——社保费 |
| 企管部 | 文员 | 管理费用——社保费 | 应付职工薪酬——社保费 |
| 财务部 | 经理 | 管理费用——社保费 | 应付职工薪酬——社保费 |
| 财务部 | 文员 | 管理费用——社保费 | 应付职工薪酬——社保费 |
| 车间办 | 经理 | 制造费用——社保费 | 应付职工薪酬——社保费 |
| A生产线 | 工人 | 制造费用——社保费 | 应付职工薪酬——社保费 |
| B生产线 | 工人 | 制造费用——社保费 | 应付职工薪酬——社保费 |
| 采购部 | 经理 | 管理费用——社保费 | 应付职工薪酬——社保费 |
| 采购部 | 业务员 | 管理费用——社保费 | 应付职工薪酬——社保费 |
| 专设销售部 | 经理 | 销售费用——社保费 | 应付职工薪酬——社保费 |
| 专设销售部 | 业务员 | 销售费用——社保费 | 应付职工薪酬——社保费 |

六、固定资产

1.基本信息

启用会计期：2018年1月

折旧方法：平均年限法一

编码方式：2-1-1-2

自动编码：类别编码＋序号

与总账系统对应科目：固定资产1601，累计折旧1602

入账默认科目：固定资产1601，累计折旧1602

可抵税额：应交税费——应交增值税——进项税额22210201

2.部门对应折旧科目

根据下面表格内容进行操作。

| 部门名称 | 折旧科目 |
|---|---|
| 企管部 | 管理费用——折旧费 |
| 财务部 | 管理费用——折旧费 |
| 生产部 | 制造费用——折旧费 |
| A 生产线 | 制造费用——折旧费 |
| B 生产线 | 制造费用——折旧费 |
| 采购部 | 管理费用——折旧费 |
| 专设销售部 | 销售费用——折旧费 |

### 3. 固定资产类别

根据下面表格内容进行操作。

| 编码 | 名称 | 净残值率（%） | 计提属性 | 折旧方法 |
|---|---|---|---|---|
| 01 | 房屋及建筑物 | 4 | 正常 | 平均年限法一 |
| 02 | 生产设备 | 4 | 正常 | 平均年限法一 |
| 03 | 办公设备 | 4 | 正常 | 平均年限法一 |
| 04 | 运输设备 | 4 | 正常 | 平均年限法一 |

### 4. 增减方式

根据内容自己设定对应入账科目。

### 5. 原始卡片数据

原始卡片数据，如下表所示。

| 固定资产名称 | 类别编号 | 所在部门 | 增加方式 | 使用年限 | 开始使用日期 | 原值 | 累计折旧 | 使用状况 |
|---|---|---|---|---|---|---|---|---|
| 厂房 | 01 | 车间办 | 投资 | 20 | 2015-10-15 | 1404000 | 146016 | 在用 |
| 甲设备 | 02 | A 生产线 | 购入 | 10 | 2017-02-20 | 235000 | 18800 | 在用 |
| 乙设备 | 02 | B 生产线 | 购入 | 10 | 2017-10-15 | 235000 | 1880 | 在用 |
| 复印机 | 03 | 采购部 | 购入 | 5 | 2017-12-31 | 15000 | | 在用 |
| 计算机 1 | 03 | 财务部 | 购入 | 5 | 2017-09-30 | 5000 | 240 | 在用 |
| 计算机 2 | 03 | 财务部 | 购入 | 5 | 2017-09-30 | 5000 | 240 | 在用 |
| 计算机 3 | 03 | 财务部 | 购入 | 5 | 2017-09-30 | 5000 | 240 | 在用 |
| 打印机 | 03 | 财务部 | 购入 | 5 | 2017-09-30 | 2760 | 2208 | 在用 |
| 货车 | 04 | 专设销售部 | 购入 | 5 | 2017-07-30 | 67000 | 5360 | 在用 |

### 6. 固定资产业务

2018 年 1 月 1 日，宏达公司以丙设备一台向好美家公司进行投资，交 A 生产线使用，价值 60000 元，使用年限 5 年，净残值率 4%，按平均年限法计提折旧。做凭证并审核记账。

2018 年 1 月 3 日，购入丁设备一台，交 B 生产线使用，价值 50000 元，增值税为 8500 元，使用 5 年，净残值率 4%，按平均年限法计提折旧，此款银行已支付。做凭证并审核记账。

2018 年 1 月 31 日，计提本月固定资产折旧。做凭证并审核记账。

七、财务日常经济业务

1.2018 年 1 月经济业务（做凭证并审核记账）

7 日，用工行存款转账缴纳上月应交增值税 6600 元、城市维护建设税 462 元，教育费附加 198 元和企业所得税 2725.68 元。

8 日，发放工资 42559 元，工行转账支票票号（01001001）。

8 日，缴纳本月应交个人所得税 91 元。

8 日，采购部向扬子石化厂购买聚乙烯和聚丙烯各 4 吨，聚乙烯不含税单价 10510 元，聚丙烯不含税单价 11650 元，增值税税率 17%，均已验收入库，前已预付货款 20000 元，余款以工行存款转账支付。

12 日，工行通知，委托银行收取天和贸易公司前欠货款 70200 元，已收妥。

15 日，向东海饮食集团销售普通托盘 8000 个，不含税单价 14 元；优质托盘 7000 个，不含税单价 15 元。给予 2% 的商业折扣。产品已发出，并开出增值税发票，前已预收东海饮食集团货款 50000 元，余款对方当即开出转账支票一张（票号 04001001），已存入工商银行。

20 日，企管部张广宁报销差旅费 2900 元，余款归还现金。

31 日，车间销售边角废料收到现金 1000 元。

31 日，结转发出材料成本，如下表所示。

| | 聚乙烯 | | 聚乙烯 | | 合计 |
|---|---|---|---|---|---|
| | 数量 | 金额 | 数量 | 金额 | |
| 普通托盘 | 4 | 42880 | | | 42880 |
| 优质托盘 | | | 4 | 46533.32 | 46533.32 |
| 合计 | | 42880 | | 46533.32 | 89413.32 |

31 日，分配本月电费，如下表所示。

| 部门 | | 度数 | 分配率 | 金额 |
|---|---|---|---|---|
| 生产线 | 普通托盘 | 2000 | | 4376.40 |
| | 优质托盘 | 2200 | | 4814.04 |
| 车间办 | | 1000 | | 2188.20 |
| 采购部 | | 150 | | 328.23 |
| 销售部 | | 150 | | 328.23 |
| 财务部 | | 150 | | 328.23 |
| 企管部 | | 300 | | 656.46 |
| 合计 | | 5950 | 2.1882 | 13019.79 |

31 日，分配结转本月制造费用 18714.20 元，其中普通托盘 9098.52 元、优质托盘 9615.68 元。

31日，本月投产的普通托盘20000元、优质托盘25000元，完工入库。

2.核对后发现错误凭证

企管部张广宁报销差旅费应为2800元。

八、自动转账

月末，结转本月期间损益。

九、编制会计报表

手工编制"资产负债表"，格式内容自己找手工报表。

手工编制"利润表"，格式内容自己找手工报表。

# 参考文献

[1] 武马群. 会计电算化基础 [M]. 北京：北京工业大学出版社，2005.

[2] 何荣华. 会计电算化辅导读本 [M]. 北京：中国财政经济出版社，2015.

[3] 国家职业技能鉴定专家委员会，计算机专业委员会. 用友通 T3 试题汇编（高级会计电算化员级）[M]. 北京：北京希望电子出版社，2010.